술과 인간의 확장

커뮤니케이션이해총서

급변하는 커뮤니케이션 환경에서 새로운 지식에 대한 욕구가 높아지고 있습니다. 이러한 흐름에 발맞추어 하나의 커뮤니케이션 주제를 10개 항목으로 묶어서 달걀 꾸러미처럼 엮었습니다. 사회의 변화를 빠르게 알기 원하는 대중과 시대에 앞선 지식을 단시간에 알고자 하는 연구자, 실무자, 학생에게 도움이 되는 책입니다.

일러두기

- 인명, 작품명, 저서명, 개념어 등은 한글과 함께 괄호 안에 해당 국가의 원어를 병기했습니다.
- 외래어 표기는 현행 어문규정의 외래어표기법을 따랐습니다.

술과 인간의 확장

김동환

대한민국, 서울, 커뮤니케이션북스, 2025

술과 인간의 확장

지은이 김동환
펴낸이 박영률

초판 1쇄 펴낸날 2025년 2월 28일

커뮤니케이션북스(주)
출판 등록 2007년 8월 17일 제313-2007-000166호
02880 서울시 성북구 성북로 5-11
전화(02) 7474 001, 팩스(02) 736 5047
commbooks@commbooks.com
www.commbooks.com

CommunicationBooks Inc.
5-11, Seongbuk-ro
Seongbuk-gu, Seoul, 02880, KOREA
phone 82 2 7474 001, fax 82 2 736 5047

ISBN 979-11-7307-695-4

책값은 뒤표지에 표시되어 있습니다.

차례

인간의 속성과 술 취함의 상관성

흔히 철학에서는 "인간이란 무엇인가?"라는 질문을 던진다. 아마 독자 여러분이 가장 많이 들어 본 대답은 "인간은 이성적 동물이다"일 것이다. 이 대답은 '이성'을 강조하느냐 아니면 '동물'을 강조하느냐에 따라서 합리주의 철학과 체험주의 철학으로 구분되어 해석된다. 서양 철학은 대부분 이성을 강조하지만, 마크 터너(Mark Turner, 1954~)와 같은 체험주의 철학을 지향하는 인지과학자는 인간의 동물적 측면을 더 강조한다. 인간의 이성이 인간의 동물적 측면, 즉 인간의 몸에 기반한다는 것이 마크 터너의 입장이다.

하지만 '술 취함에 대한 인간의 취향'과 관련해서는 "인간은 무엇이어야 하는가?"라는 물음을 던져야 한다. 왜일까? 우리 인간을 동굴 속에서만 사는 멕시칸 테트라(Mexican Tetra)라는 물고기에 빗댄 비유에서 답에 대한 단서를 찾을 수 있다. 이 물고기는 동굴에서만 살아서 동굴에 적응했기 때문에 동굴을 벗어나서는 살 수 없는 운명이다. 동굴에서 나온다는 것은 바로 죽음을 의미한다. 우리 인간도 마찬가지다. 우리 인간은 혼자 사는 것이 아니라 우리가 태어나고 자라면서 적응해 온 '문화'라는 동굴에서만 살 수 있다. 아니, 엄밀하게는 '살 수 있다'라는 것도 아니고 '산다'라는 것도 아니며, '살아야 한다'라고 표현하는 것이 정확하겠다.

이런 문화의 동굴에서 계속 생존하기 위해 우리 인간은 '창의적 동물'이어야 하고, '문화적 동물'이어야 하며, '공동체적 동물'이어야 한다. 인간이 창의적이고 문화적이고 공동체적인 존재가 되도록 하는 데 술 취함이 어떤 역할을 하는지 살펴보기에 앞서, 우리 인간의 이 세 가지 의무적 속성에 대하여 먼저 짚고 넘어가고자 한다.

인간은 창의적 동물이어야 한다

동물은 생존하기 위해 무엇에 의존할까? 동물은 '자연'에 의존한다. 여기서 말하는 자연은 자연환경이 아니라 '타고난 것'을 말한다. 생존을 위해 사자에게는 발톱이 있고, 가젤에게는 빠른 속도가 있다. 벌과 비버라는 동물은 각각 벌집을 짓고 댐을 짓는다. 우리 인간도 집을 짓기는 하지만 이러한 동물은 무의식적으로 집과 댐을 짓는다. 이런 동물이 짓는 집과 댐은 이들의 타고난 DNA에서 나온 것이다. 새의 날개나 상어의 이빨도 선천적으로 타고난 것이다. 이처럼 동물은 생존을 위해 타고난 DNA, 즉 무의식적 본능에 의존한다.

하지만 인간은 어떤가? 인간이 만들어 낸 문화적 혁신과 창조물은 우리의 DNA에서 읽어 낸 것이 아니고, 우리의 모든 유전 정보가 담겨 있는 게놈(genome)에서 확장되어 나온 것도 아니다. 인간은 창의적 기술을 통해 문화적 혁신을 이룩했다. 이런 창의성을 통해 세상을 변화시켜 왔기에, 창의성이 없다면 인간은 살아남을 수 없었을 것이다.

우리 인간의 생존에서 창의성의 필수성에 관한 가장 쉬운 예는 소포클레스(Sophocles, B.C. 497~B.C. 406)의 비극 『오이디푸스 왕』에서 나온다. 오이디푸스는 태어나자마자 버려졌다가 목동이 구해 준 덕에 이웃 나라 왕의 아들로 성장하지만, "아버지를 죽이고 어머니와 결혼한다"는 신탁을 받고 자기를 키워 준 나라를 떠난다. 오이디푸스는 도중에 스핑크스를 만난다. 스핑크스는 오이디푸스에게 "아침엔 네 발로 걷다가 낮에는 두 발로 걷고, 저녁이 되면 세 발로 걷는데, 발의 개수가 많을수록 약한 존재는 무엇인가?"라는 수수께끼를 낸다. 그러고는 이 수수께끼를 풀지 못하면 죽이겠다고 협박한다. 오이디푸스는 즉각 '사람'이라고 대답하면서 목숨을 건진다. 이때 오이디푸스는 어떻게 해서 짧은 시간에 정답을 알아냈을까? 스핑크스를 이긴 것은 마술이나 신의 개입이 아니라 오이디푸스의 창의적 통찰력 덕분이었다.

흔히 스핑크스의 수수께끼는 '모가지 수수께끼'라고 불리기도 한다. 수수께끼를 풀든가 그렇지 않으면 머리를 내놓아야 하기 때문이다. 이렇게 긴급한 상황에서 풀어야 하는 수수께끼를 접했을 때 우리는 깊이 생각하거나 바둥거리며 논리적 추론을 통해 그 답을 찾지 않는다. 오히려 해결책은 스파크처럼 갑작스럽게 나온다. 마음을 편안하게 하고 번득이는 통찰력으로 답을 찾는다. '아하!'라는 깨달음의 순간으로 답을 찾는다. 따라서 인간은 생존하기 위해 창의적 인간이 되어야 한다. 창의적 인간은 계산하고 추론하는 이성적 동물이 아니다. 만약 위험물을 발견했을 때 이성을 통해 여유롭게 계산하고 있다면, 우리의 목숨은 우리 것이 아니게 된다. 인간은 도구와 도구를 만들어 내는 창의적 통찰이 없이는 완전히 무력하다. 이처럼 우리가 살아남기 위해서는 창의성이 필요하다.

인간은 발육기와 아동기가 길다. 인간의 아동기가 이토록 긴 까닭은 충분한 창의력을 갖추기 위함이다. 최소한 창의성에 관해서는 어린아이와 성인이 경쟁을 한다고 가정할 때, 어린아이의 승리로 돌아간다. 어른이 봤을 때 터

무니없고 예상이 안 되는 행동을 하는 어린이는 효과적인 관리나 계획 능력이 부족할 수 있지만, 창의력과 상상력은 뛰어나다. 어린이는 마분지 원통과 같은 평범한 물건을 로켓 우주선으로 재창조하거나, 상상 속에서 막대기를 말로 다시 태어나게 하여 놀이의 대상으로 삼는 등 다양한 방면에서 창의성을 발휘한다. 발달심리학자 앨리슨 고프닉(Alison Gopnik, 1955∼)은 인지적 유연성과 창의성이 어린 시절의 설계 자질(design feature)이라고 주장한다(Gopnik, 2009). 즉, 어린아이는 선천적으로 창의성을 갖고 태어난다는 것이다.

긴 발육기와 아동기 이후에 우리 아이들은 뇌가 성숙하고 발달한다. 뇌가 발달하는 동안 회백질(gray matter) 내의 뉴런 간 시냅스 연결은 불필요하거나 약한 시냅스를 제거하기 위해 '신경 가지치기(neural pruning)'를 거친다. 이는 활동과 기능적 관련성에 따라 시냅스 연결을 선택적으로 제거하고 다듬는 과정이다. 과도하거나 비효율적인 시냅스를 가지치기함으로써 회백질 영역은 밀도가 감소하여 신경 회로를 최적화하고 정보 처리 효율을 향상할 수 있다. 백질(white matter) 자체는 신경 가지치기에 직접 참여하지는 않지만, 회백질 영역 간의 의사소통과 조정을 용이하게 한다. 회백질 밀도가 감소함에 따라 백질의 밀도, 즉 회백질이 하는 계산 일에서 나온 결과물인 정보를 전송하는 수초로 둘러싸인 축삭돌기는 증가하여 효율성과 속도는 향상되지만, 유연성은 떨어지는 결과가 나온다.

이런 회백질과 백질의 상대적 밀도로 뇌의 성숙을 설명하기 위해 멋진 비유를 하나 들어 보자. 미성숙하고 회백질이 풍부한 부위는 아직 개발되지 않은 훤히 트인 들판이다. 이 들판에서 사람들은 구속받지 않고 여러 방면으로 돌아다닐 수 있지만 그다지 효율적이지는 않다. 멋진 검은딸기 덤불에서 검은딸기를 따 먹기 위해서는 풀숲을 헤치고 길을 내면서 나아가야 한다. 백질이 회백질을 점진적으로 교체하는 것은 이 들판의 발전을 반영한다. 도로가 깔리고 다리가 놓이면서 쉽고 빠르게 이동할 수 있다. 하지만 이제는 이렇게 굳어진 길을 따라서만 이동하게 된다. 검은딸기 덤불로 가는 새 포장도로는 검은딸기를 더 편리하게 채집하게 하지만, 새로 난 길을 따라 달려가면 숲에서 우연히 마주칠 수 있는 맛있는 산딸기는 놓치게 될 것이다. 새로 난 포장도로를 이용해 검은딸기를 더 편리하게 채집하는 것은 효율성이고, 숲에서 우연히 맛있는 산딸기를 발견하는 것은 창의성이다. 이처럼 효율성과 창의성 사이에는 하나를 얻으려면 다른 하나를 희생해야 하는 상충 관계가 존재한다.

뇌가 성숙할수록 회백질 밀도는 감소하고 백질은 연속적으로 증가한다. 이는 성숙도와 기능적 효율성의 증가를 반영한다. 신경 가지치기가 일어난 이 뇌 부위는 전전두피질(prefrontal cortex)이다. 이 부위는 추상적 추론과 '인지 제어(cognitive control)'를 위한 자리다. 인지 제어란 하는 일에 집중하고 산만과 유혹에 저항하며 감정을 조절하는 능력을 말한다. 인터넷을 하고 싶은 충동을 억제하면서 시험공부를 하거나, 다이어트 중에 칼로리가 높은 초콜릿케이크 대신 과일을 먹거나, 카펫에 주스를 쏟았다고 아이들에게 소리치는 대신 인내심을 갖는 것 등이 인지 제어에 해당한다. 전전두피질을 비롯한 전두엽이 신경 가지치기 과정을 마치려면 오랜 시간이 걸린다. 사실 20대 초가 되어서야 성숙 상태에 이르면서 마지막에 성숙하는 부위가 전전두피질이다. 이 때문에 10대는 성인 같은 동기 체계, 맹렬한 호르몬, 자동차와 같은 위험한 기술에 대한 접근성을 가지고 있지만, 합리적인 자기 통제에는 한계가 있다.

전전두피질은 맡은 일을 계속 수행하면서 만족을 지연하는 것에는 핵심적이지만, 창의성에는 치명적인 적이다. 전전두피질은 우리에게 일에 몰두하게 하지만, 먼 미래의 가능성은 보지 못하게 한다. 창의성을 위해서는 인지 제어를 완화해야 하며, 이런 완화는 마음의 구속을 풀어 주어 마음을 방랑하게 하는 것이다. 이 말은 마음이 집중하지 못하고 분주하게 움직이는 상태가 되도록 한다는 뜻이다. 어린이는 아직 뇌가 성숙하지 않았기 때문에 매우 창의적이다. 어린이의 생각을 감시하고 얽매는 것은 아무것도 없다.

그렇다고 해서 가늘고 효율적인 전전두피질을 가진 어른이 창의성과 혁신에서 전혀 쓸모가 없다는 뜻은 아니다. 실제로 우리 문화에서 역할을 하는 창의적인 기술은 아이가 아닌 어른이 만든 것이다. 아이의 창의성은 우리 문화에서 말하는 창의성이 아니다. 동굴이라는 문화에서 진정 필요한 것은 다름 아닌 어른의 창의성이다. 그래서 어른의 창의성을 어떻게 향상할 것인가 하는 것은 뇌와 인지를 이야기하는 연구자들이 반드시 풀어야 할 문제다.

창의성은 이성의 힘이 아닌 정서의 힘에서 나온다. 이성의 힘은 모두 전전두피질에 모여 있다. 이런 이성의 힘을 잠시 내려놓아야 정서의 힘이 발휘되어 창의성이 모습을 드러낼 수 있다. 이때 이성의 힘을 잠시 내려놓게 하는 것이 '술'이다. 즉, 냉철한 '차가운 인지(cold cognition)'가 아닌 '뜨거운 인지(hot cognition)'가 작동하기 위해 합리적이고 논리적이고 이성적인 냉철한 마음에 화학적 변화를 일으켜야 하며, 그것은 술로 가능하다.

프리드리히 니체는 놀이하는 아이를 철학적 · 실존적 이상으로 본다. 이성이 아닌 정서로 가득한 존재는 어른이 아닌 아이고, 아이야말로 창의성의 근원이라는 것이다. 하지만 진정한 창의성은 어른의 마음이나 아이의 마음이 아닌 '아이 같은 마음'에서 나온다. 일상생활에서 창의성이 발휘되는 대표적인 예는 특허다. 그러나 이런 특허를 아이가 내는 법은 없다. 대부분 특허에 대한 아이디어는 어른의 마음에서 나온다. 여기서 말하는 어른의 마음은 아이의 마음을 되찾은 마음이다. 즉, '창의적인 어른의 마음'은 '어른의 몸'과 '아이의 마음'이 혼성된 것이다. 이때 어른이 창의성을 실현하기 위해 아이의 마음을 가질 수 있도록 도와주는 것이 바로 술이다. 그래서 창의적인 어른의 마음은 '술 취한 마음'이 되는 것이다.

인간은 문화적 동물이어야 한다

우리 인간은 '문화'라는 동굴에서만 살아야 하는 존재라고 했다. 인간의 창의성은 한 개인의 수준에서 머무는 것이 아니다. 개인의 창의성이 문화라는 거대한 배경을 두고 작동할 때 문화적 차원에서의 혁신을 일굴 수 있다. 이렇게 되면 창작자 자신이 속한 문화의 수준도 증대된다. 그 누구든, 아무리 개인의 통찰력과 창의성이 뛰어나더라도 혼자서는 걸작을 창작하지 못했을 것이고, 아이폰과 같은 최신 기술을 만들어 내지 못했을 것이다. 물론 예술은 개인의 영역처럼 느껴진다. 하지만 예술가가 만들어 내는 작품은 그가 인정하든 그렇지 않든 간에 암묵적이거나 때로는 명시적인 방법으로 문화로부터 도움을 받을 수밖에 없다.

근대 과학 혁명을 완성한 과학자 아이작 뉴턴은 1676년에 "만약 내가 더 멀리 봤다면, 이는 내가 거인들의 어깨 위에 올라서 있었기 때문이다"라고 말했다. 한 인간의 천재성은 자기 혼자만의 것이 아니다. 그 사람 이전에 존재했던 위대한 거인들의 도움이 없었다면 실용성과 효율성을 얻지 못했을 것이다. 뉴턴이 말하는 '거인'이란 문화로 바꿔 말할 수 있다.

이처럼 한 인간의 뇌는 나 개인의 뇌가 아니라 내가 속해 있는 문화 속에서 작동하므로 거대한 '집단적 뇌' 속에 있는 한 조각에 지나지 않는다. 나의 뇌와 너의 뇌 그리고 그 외 모든 사람의 뇌가 네트워크를 이루는 집단적 뇌의 한 부분임을 인정하지 않는다면, 개인적 뇌는 단순한 물질 덩어리에 지나지 않을 것이다. 인간이 이 세상에서 생존하기 위해서는 창의적인 발견을 이루어야 한다. 그런 창의적인 발견은 이런 네트워크인 집단적 뇌를 통해서만 가능할 것이다.

우리가 문화에 의존한다는 것은 우리의 마음이 타인에게 열려 있어야 그들에게서 배울 수 있다는 것을 의미한다. 우리 인간은 침팬지 같은 영장류다. 침팬지처럼 우리 인간은 이기적이고 자신의 사리사욕을 채우는 것을 우선시한다. 이기적인 우리 인간이 타인을 받아들일 수 있도록 마음을 열어 두기란 쉽지 않을 것이다. 하지만 아이들은 다른 사람에게 자신의 마음을 열 줄 안다. 이러한 아이들의 특징은 주의가 산만하고 온갖 것에 관심을 두며 질문을 마구 쏟아 낸다는 것이다. 이로써 어린아이들은 성인과 달리 지구상에서 가장 강력한 학습 기계가 된다.

무언가를 배우는 능력은 성인이 아무리 노력해도 어린아이를 따라갈 수 없다. 몇 해 전, 조기 유학이라는 말이 유행했던 것은 어린아이가 외국어를 빠르게 잘 배울 수 있다는 사실을 방증한다. 언어뿐만이 아니다. 어릴 때부터 테니스를 배운 사람은 자세도 예쁘고 샷도 강력하다. 성인이 되어서야 테니스를 배운 사람과는 비교도 되지 않는 실력을 뽐어낼 수 있다. 그리고 어린아이들은 소꿉놀이하고, 청소년들은 혼자 놀거나 가족들과 지내기보다는 친구를 찾아 밖으로 나간다. 즉, 문화를 형성하는 것을 좋아한다. 이 모든 것은 우리 아이들이 이기적이지 않고 타인에게서 배우려고 마음을 열 줄 알기 때문이다.

하지만 성인들은 어떤가? 대학을 졸업하고 취업을 해서 새로운 사회적 관행과 규범을 배울 때 모두는 어려움을 겪는다. 사람마다 차이가 있지만 어려움을 겪지 않고 적응하는 사람은 없다고 봐야 한다. 이는 성인은 타인에게 자신의 마음을 열어 두기가 쉽지 않기 때문이다. 그리고 나이가 더 들수록 마음을 열어 두는 것이 어려울 뿐만 아니라 마음의 문을 더욱 잠그는 경향이 늘어난다. 나만 해도 그렇다. 나이가 들수록 모임 자체가 부담되고, 재미있는 운동도 나와 성향이 맞지 않는 사람이 나오면 같이 하고 싶은 마음이 들지 않는다. 즉, 나이가 들수록 타인에게서 배우려는 마음이 줄어드는 것이다.

아이들과 달리 성인은 왜 타인에게서 배우기 위해 마음을 열어 두는 것을 어려워하고, 갈수록 그 마음을 아예 닫아 버리려고 할까? 왜 문화 속에서 다른 사람들과 집단적 뇌를 형성하고 있다는 사실을 망각하고 있을까? 그 책임은 스무 살 이후로 완전히 형성되는 전전두피질에 돌릴 수 있다. 전전두피질은 이성의 자리라고 했다. 이성의 자리가 늘어나고 확고해지면서 감성의 자리를 침투해 감정의

자리는 협소하고 흐릿해진다. 즉, 상대와 공감하는 능력이 떨어지게 되는 것이다. 공감의 능력이 떨어지면 타인에게 배우려는 경향이 줄어들고, 타인에게 자신의 마음을 열어 두기란 쉽지 않게 된다.

전전두피질이 완전히 성숙하면 새로운 지식과 기술에 상대적으로 스며들지 않게 된다. 인간은 전전두피질이 완전히 성숙하는 데 20년이라는 긴 시간이 걸린다. 우리는 전전두피질이 완전히 발달하기 전인 이 20년 동안 산만해 보이지만 유연하고 수용적인 태도로 타인에게 배우는 태도를 일관했었다. 성인은 전전두피질이 완전히 성숙해서 마음을 열어 두기가 쉽지 않지만 그렇다고 마음을 열지 못하는 것은 아니다. 우리는 이미 20년 동안 그런 마음을 여는 연습을 몸으로 해 왔기 때문에 특정한 자극만 주어지면 다시 마음을 열 수 있다. 머리로 익힌 것은 기억력의 용량 때문에 오래가지 못한다. 하지만 몸으로 익힌 것은 인식과 상관없이 내 몸에 묻어 있으므로 기억하지 않으려고 해도 기억하게 된다. 이것이 바로 '몸 기억(body memory)'이다.

성인이 되어서 타인에게 마음을 열고 기꺼이 그들에게서 배우려는 태도를 다시 취하는 방법, 즉 우리의 몸 기억을 활성화해서 타인에게 마음을 여는 방법 중 하나가 '술 취함'이다. 앞에서 성인일 때 문화에 흡수되지 못하는 가장 큰 적이 전전두피질이라고 했다. 이 전전두피질의 작동을 잠시 멈추는 방법은 많다. 그중에서 나는 술 취함의 방법을 제안한다. 이성으로 똘똘 뭉친 인간은 이기심으로 가득하고 사리사욕으로 채워져 있어서 절대 자기 것을 남한테 주거나 자신을 희생하지 못한다. 이성은 결국 개인의 층위에서 작동하기 때문이다. 이 이성의 층위에 머물게 하는 것이 스무 살 이후에 완성되는 전전두피질이다. 이 전전두피질의 작동을 잠시 멈추게 하여 이성이 얼마간 자리를 비우게 해야 한다. 그러면 다시 20년 동안 몸으로 배웠던 공감의 능력이 '잠시' 모습을 드러내고 제 역할을 하고 다시 무의식의 층위로 되돌아갈 것이다. 이 험악한 세상에서 평생 상대를 믿고 자기를 희생할 수는 없다. 그렇게 하는 것은 잠시고 다시 현실로 돌아와야 한다. 짧은 순간 이성을 내려놓게 하는 술 취함이 바로 여기에서 그 미학을 드러낼 것이다.

인간은 공동체적 동물이어야 한다

인간은 생존을 위해 공동체적 동물이 되어야 한다. 공동체적 동물은 협력하는 동물을 말한다. 우리 인간이 문화라는 동굴에서 생존하기 위해서는 협력해야 한다. 흔히 알려진 바와 같이 가장 대표적인 사회적 곤충은 개미다. 개미는 각자 하는 역할에 따라 구분된다. 일개미는 다른 개미의 먹잇감을 구하기 위해 아무 생각이나 사심 없이 일만 한다. 병정개미는 침입자를 무찌르기 위해 앞뒤 가리지 않고 자신을 희생하며 싸운다. 일개미와 병정개미의 이런 성실함과 희생은 오로지 번식을 책임지는 여왕개미를 위한 것이다. 이는 개미 집단의 유전자를 다음 세대로 전달하는 것이 가장 중요하기 때문이다.

우리 인간도 개인으로는 할 수 없는 일을 달성하기 위해 서로 협력한다는 점에서 개미와 닮았다. 하지만 인간은 영장류다. 그것도 이기적인 영장류다. 우리 인간은 개미와 달리 이기적이므로 상대방의 뒤통수를 치기도 한다. 여왕개미가 일개미나 병정개미에게 희생당하는 일은 없다. 하지만 우리 인간 통치자는 독살되기도 하고 투표로 공직에서 물러나기도 한다. 이는 우리 인간에게는 개인적 사심과 욕망이 있기 때문이다. 침팬지 DNA가 개인주의적 성향을 드러내는 대목이다.

인간의 본성에는 대규모로 협력해야 할 필요성과 개별적인 영장류의 이기심 사이에서 발생하는 이와 같은 긴장감이 맴돌고 있다. 이는 공공의 이익과 개인의 이익 사이의 긴장이다. 이기적인 개인이 공익에 이바지하지 않으면서 공익으로부터 이익을 얻는 상황을 '공유지의 비극'이나 '무임승차 문제'라고 부른다. 공유지의 비극이란 수자원이나 토지 자원 등 공유 자원의 이용을 개인의 자율에 맡기면 서로의 이익을 극대화함에 따라 자원이 남용되거나 고갈되는 현상을 말한다. 무임승차 문제는 국가 재정으로 공급되는 공공재는 누구나 자유롭게 소비할 수 있으므로 사회 구성원들이 자발적으로 대가를 지급하지 않고 소비하려고 하는 데 따르는 문제를 말한다.

이런 협력 과제는 '죄수의 딜레마'라는 사고 실험으로도 나타난다. 해당 실험의 내용은 다음과 같다. 먼저 A라는 사람이 죄를 지어서 구금되어 기소되었다고 하자. 검사는 A에게 또 다른 용의자 B도 구금되었다고 말해 준다. A는 거래를 제안받는다. A가 B를 밀고하면 1개월 형이라는 가벼운 처벌을 받고, B는 3년 형을 선고받게 된다. A가 밀고하기를 거부하면 공무 집행 방해죄로 기소되어 6개월의 형을 받게 된다. A와 B 모두 결국 상대방을 고소하면 둘 다 범죄의 방조자로 기소되어 2년 형을 선고받게 된다. 검사는 B에게도 같은 이야기를 전한다. 물론 A와 B는 서로 소통하지 못하게 되어 있다.

침묵을 지켜 서로 협력하여 6개월의 감형을 받는 것이 A와 B 모두에게 제일 좋은 전략이다. 하지만 상대가 협력한다는 보장이 없다. A는 협력하는데 상대방이 변절하는 위험을 참작하면, A에게 유일하게 합리적인 전략은 상대방을 배신하고 고발하는 것이다. B도 마찬가지다. 상대방을 믿지 못하는 상황에서 서로 손해를 보지 않는 가장 합리적인 전략은 서로 고발하여 2년 형을 받는 것이다. 즉, 합리적이고 이기적인 사람은 죄수의 딜레마에서 벗어나지 못한다.

우리 인간은 이런 딜레마를 극복할 수 있을까? 그러려면 인간은 침팬지의 합리적 사고인 이기심과 사리사욕을 버려야 한다. 이성이 아닌 감정과 정서가 고개를 들어야 한다. 다행히도 우리 인간은 이 딜레마에서 합리적이지 않다. 사람들은 서로에게 정서적으로 헌신적이기 때문에 종종 죄수의 딜레마에 직면하면 협력한다. 사랑이나 충성, 우정을 통해 다른 사람이나 집단에 정서적으로 의무가 있을 때, 우리는 다른 사람을 믿고 딜레마를 극복하며 모두에게 최적인 결과를 얻는다.

어떻게 이런 일이 가능할까? 우리 인간은 이성은 통제할 수 있지만, 정서는 의식적으로 통제하지 못한다. 건강 위기, 직장 불안 또는 자녀 양육의 문제로 인해 부부간의 관계가 위기에 봉착하기도 한다. 하지만 이성이 아닌 정서인 사랑은 이런 부부에게 어떤 고난이 있어도 서로에게 의무감을 느끼게 하는 접착제 역할을 한다. 즉, 사랑은 순전히 이성적인 판단으로 관계를 끝내야 할 때도 어려운 시기에 이 부부를 하나로 묶어 준다. 그리고 죄책감은 사회적 의무를 소홀히 할 때 불편함을 느끼게 함으로써 이기적인 행동을 단념시킨다. 이러한 사회적 정서(social emotion)는 우리의 행동을 사회적 · 관계적 규범에 맞추고 단기적이고 계산적인 마음의 이기심보다 우선시하는 내부 규제자 역할을 한다. 그리고 우리는 이런 사회적 정서를 의식적으로 통제하지 못한다. 자신의 사리사욕과 개인적 이익을 위해 사회적 정서를 통제하는 사람의 사랑과 명예는 진정성이 빠진 것이라 할 수 있다.

사회적 정서를 통제해 자신의 합리적 사리사욕을 채우는 사람은 합리적 이성의 부위인 전전두피질을 완벽하게 작동시키고 있는 사람이다. 이 부위가 잘 작동하고 있으므로 합리적으로 계산을 해 보면 자신에게 손해되는 일은 할 수 없는 것이다. 앞에서 본 죄수의 딜레마에서 전전두피질의 지배를 받아서 합리적 이성이 지배하는 A와 B는 2년 동안 감옥에 갇힐 것이다. 6개월이라는 감형을 받을 수 있는 유일한 방법은 명예나 사랑과 같은 비이성적 감정으로 전전두피질을 제압하는 것이다.

사회적 정서가 어떻게 협력의 딜레마를 해결하는 데 도

움을 주는지 보여 주기 위해 그리스 신화에 나오는 오디세우스의 이야기를 빌려 오고자 한다. 영웅 오디세우스가 여러 지역을 여행하면서 직면하는 많은 위험 중에는 세이렌섬을 통과하는 일화도 있다. 이성적인 선원들은 유혹적인 노래로 배를 해안으로 유인한 다음 자신들을 맘껏 잡아먹는 이 위험한 생명체를 피한다. 하지만 오디세우스는 결코 모험을 피하지 않는다. 완벽한 쾌락주의자인 오디세우스는 상상할 수 없을 정도로 아름답다고 하는 세이렌의 노래를 듣고 싶어 한다. 그래서 오디세우스는 자신의 이성적 자아가 변절하지 않도록 막기 위해, 즉 세이렌의 노래를 듣고 바다에 뛰어들지 못하게 막기 위해 선원들에게 자신을 돛대에 단단히 묶으라고 지시한다. 이렇게 하여 오디세우스는 자신이 죽음으로 뛰어드는 것을 물리적으로 제지하면서 세이렌의 노랫소리를 들을 수 있었다.

오디세우스를 돛대에 묶은 밧줄은 '선다짐(pre-commitment)'이다. 선다짐은 다른 말로 '사전 조치'라고도 한다. 이는 심리학에서 사용하는 용어로서, 한 행위자가 미래에 사용할 수 있는 선택의 수를 제한하기 위해 사용할 수 있는 자기 통제의 전략을 말한다. 이런 선다짐이 바로 사회적 정서다. 오디세우스는 합리적이지 않았기 때문에 세이렌의 아름다운 노래를 듣는 혜택을 누린다. 경제학자 로버트 프랭크(Robert Frank, 1945~)는 사회적 정서는 '이성 안의 열정'이라고 말한다(Frank, 1988). 사랑과 명예는 비이성적으로 보일 뿐이다. 상황이 요구하는 순간에 통제할 수 없는 정서에 묶여 있는 것은 사실 장기적으로는 합리적인 이익이다.

사회적 정서가 결국 이익이 된다면 우리는 사회적 정서를 갖추어야 한다. 이런 사회적 정서의 적이 합리적 이성을 담당하는 뇌 부위인 전전두피질이다. 이 전전두피질의 작동을 일시적으로 멈추어야 사회적 정서가 발휘된다. 오디세우스는 사회적 정서를 끌어내기 위해 돛대에 자신을 밧줄로 묶게 한다. 신화 속의 오디세우스처럼 지금의 우리도 사회적 정서를 작동시키기 위해 전략을 짜야 한다.

이 전략은 바로 '적당한 술 취함'이다. 문화에서 상대방에게 협력하기 위해서는 자신의 사리사욕을 없애야 한다. 이런 사리사욕은 인간의 이성에서 비롯된다. 그리고 이런 이성을 담당하는 곳이 전전두피질이다. 술은 바로 이 전전두피질을 공격하여 그 작동을 일시 정지할 수 있는 최고의 무기다. 술의 장점과 술의 미학은 전전두피질을 아주 잠깐만 멈추게 만든다는 점이다. 물론 술의 양에 따라 달라지겠지만 평균적으로 술을 마시고 취한 뒤 술에서 깨는 데는 반나절이면 충분하다. 인간은 문화에서 무한정 상대방에게 희생만 할 수 없고 또 해서도 안 된다. 그렇게 되면 흔히 말하는 '호구'라는 소리를 듣게 된다. 호구가 되지 않고도 공동체적 삶을 살 수 있기 위해 대다수의 시간을 이성의 힘으로 작동하다가 결정적인 짧은 순간에는 이성을 내려놓고 사회적 정서를 작동해야 하는데, 이때 적당한 술 취함이 그렇게 하는 데 역할을 할 것이다.

참고문헌

김동환(2024). 『인지인문학을 향하여』. 역락.

Frank, R.(1988). *Passions within reason: The strategic role of the emotions*. New York: W. W. Norton & Company.

Gopnik, A.(2009). *The philosophical baby: What children's minds tell us about truth, love, and the meaning of life*. New York: Farrar, Straus and Giroux.

Slingerland, E.(2021). *Drunk: How we sipped, danced, and stumbled our way to civilization*. Berkeley: Little, Brown Spark.

01

술 취함의 욕구와 취향

전 세계 어디를 가든 사람들은 술에 열광한다. 사람들은 생활의 불편함을 감수하고 심지어는 생존을 희생하면서까지 취성 물질을 얻기 위해 엄청난 양의 자원과 노력을 바치고 역겨운 일까지 서슴지 않았다. 그리고 취성 물질을 통해 의식의 변화된 상태를 추구하려는 인간의 성향은 최근의 현상이 아니라 인류 문명의 초기 단계까지 거슬러 올라간다. 이는 인간의 이야기에서 술 취함이 얼마나 심오하고 지속적인 의미를 지니고 있는지를 암시해 준다.

취하려는 인간의 욕구

술은 '빈 칼로리(empty calorie)'의 원천이다. 즉, 술은 에너지를 제공하지만 비타민이나 단백질과 같은 필수 영양소는 거의 없다는 것이다. 그런데 이러한 술은 역사적으로 중요하고 희귀한 식량 공급원이었던 곡물과 과일로 만든다. 술에는 생리적 측면과 사회적 측면에서 단점이 있다. 술은 인지 능력과 신체 능력을 방해하고 심할 때는 뇌와 신체에 장기적인 손상을 유발한다. 그리고 술은 아무데서나 춤을 추고, 지나가는 사람에게 시비를 걸며, 이성에게 음란한 말을 하는 등 사회적으로 용납되지 않는 행동을 조장하는 역할을 한다는 비판을 받는다. 물론 술은 억제를 낮추고 이완을 촉진하기 때문에 소량의 술은 기분과 사회적 상호 작용을 향상할 수 있다는 긍정적인 측면도 있다.

여하튼 술에는 장점보다는 단점이 많고, 그런 단점이 우리 사회에서 크게 부각된다는 것은 부인할 수 없는 사실이다. 중독성 물질인 술이 우리 혈류에 닿는 순간 빠른 반사 작용, 예민한 감각, 집중력이나 주의력 같은 기본적인 생존 메커니즘을 방해한다. 이는 술이 인지적 통제와 목표 지향적 행동의 중심지인 인간 뇌의 전전두피질(prefrontal cortex)을 주로 공격하기 때문이다. 이 뇌 부위는 이성적 인간이 사회에서 성공하는 데 핵심적인 역할을 한다. 생물학적 관점에서, 이 뇌 부위를 손상하는 물질인 술을 마시는 것은 직관적으로 보았을 때 자멸을 초래하는 행동으로 보인다. 그런데도 인간은 술을 마셔 취하고 싶어 한다.

현대 사회에는 맥주, 막걸리, 소주, 양주 등 다양한 종류의 술이 있다. 각 주종에도 수십 가지의 종류가 있다. 예를 들어, 요즘 제일 인기 있는 막걸리 50개를 순위별로 발표한 블로그도 있다. 그리고 한 브랜드의 막걸리지만 그 맛과 도수에 따라 몇 가지 제품으로 다양하게 출시되기도 한다. 그리고 현대에 사는 우리는 이런 술을 언제 어디서든 쉽게 구하고 마시면서 인간의 '취함의 취향'을 충족할 수 있다.

하지만 지금의 대한민국이라는 곳이 아닌 시간과 공간상 매우 떨어진 다른 문화나 부족의 사람들도 자신의 취함의 취향 충족에 관해 지금의 우리와 비슷한 상황이었을까? 물론 그렇지 않았을 것이다. 지난 수천 년 동안 인간은 취함을 위해 독창성과 집중적인 노력을 발휘했다. 먹을 것이 없어서 기아 직전인 마을조차도 술 생산을 위해 귀중한 곡물이나 과일을 상당 부분 따로 떼어 놓았던 사례가 있다. 식민지 이전의 멕시코에서 농사를 하지 않던 부족은 선인장 열매의 짧은 제철을 좇아 그 열매로 술을 만들기 위해 먼 거리를 이동했다. 알코올을 구하지 못한 이주민은 구두 가죽이나 풀 또는 현지의 곤충을 미친 듯이 발효시켰다. 지금은 불법이긴 하지만 술 대신 환각제가 가미된 담배나 대마초로 취하려는 욕구를 충족하는 문화도 있었다. 더욱 충격적이게도 일부 남미 문화권에서는 취하기 위해 독두꺼비를 핥기까지 했다고 전해진다.

취하려는 욕구를 충족하기 위해 이처럼 다양한 문화와 부족이 피나는 노력을 하고 엄청난 비용을 물며 심지어 역겨운 일까지 한 것에 비하면, 나는 동네 마트에서 마시고 싶은 술을 구입해 편하게 내 취함의 욕구를 충족할 수 있다. 취함의 욕구가 인간에게 얼마나 중요한가를 참작하여, 고고학자 패트릭 맥거번(Patrick McGovern, 1944~)은 인간을 호모 임비벤스(Homo imbibens: 술 마시는 인간)라고 불러야 한다고까지 농담 섞인 말을 했다(McGovern, 2009).

술을 통해서든 다른 화학적 취성 물질을 통해서든 취하려는 인간의 욕구는 흔히 쾌락을 충족하기 위한 것일 뿐 그 이상도 이하도 아니라는 것이 일반적인 통념이다. 사실 사람이 자신의 쾌락 욕구를 충족하기 위해 노력한다는 사실만 두고 본다면 크게 문제될 것은 없다. 역사적으로도 철학의 한 분파로 쾌락을 가장 가치 있는 인생의 목적이라 생각하고 모든 행동과 의무의 기준으로 보는 윤리학의 입장인 쾌락주의가 존재한 것에서도 이를 알 수 있다. 단, 현대 사회에서 불법적인 방법으로 쾌락을 충족하는 것은 문제가 된다. 연예인의 사건 사고를 다루는 뉴스에서 흔히 보이는 마약을 통한 쾌락 충족, 그것이 문제다.

취성 물질을 통해 정신과 의식을 변화시키려는 취함의 욕구는 인류 역사에 깊숙이 내재해 있다. 튀르키예 동부에 있는 1만2000년 전의 유적지에서, 농업을 생각해 내기 이전에 사람들이 삼삼오오 모여서 곡물이나 포도를 발효시켜 술을 만들어 마시면서 고주망태가 되었다는 것을 암시하는 유물이 발견되었다. 일면에서 고고학자들은 다양한 형태의 술이 농업 발전의 부산물이 아니라 주요 동기가 되었을 수 있다는 도발적인 이론을 제시한다. 즉, '술'이 농업과 그 이후의 문명에 필수적인 역할을 했다는 것이다. 농업 이후에 문명이 시작되었지만, 농업 이전에 술이 있었기에 사실은 술이 문명을 이끌었다고 말할 정도다. 이러한 생각은 1950년대 무렵에 나온 '빵보다 맥주가 먼저(beer before bread)' 가설로 요약된다. 이 가설은 다양한 증거를 바탕으로 농업 이전에 술이 만들어졌다고 주장한다.

더 나아가 현존하는 가장 오래된 서사시 『길가메시』(B.C. 2000년경)에는 동물과 하나가 되어 배회하던 야수 엔키두(Enkidu)가 성창(聖娼: 성스러운 창녀)에게 길들여져 인간이 된다는 내용이 나온다. 그녀는 그에게 맥주를 물릴 때까지 마시게 한 뒤 사랑을 나누었다고 한다. 즉, 야수 엔키두에게 술은 인간성의 핵심 부분이다.

취함에 대한 인간의 욕구가 일시적 현상이 아니라 시간상 오래되었고 널리 퍼져 있고 매우 강하다는 것에서 과학적 접근법을 통해 술 취함을 한번 들여다볼 필요가 있다. 여기서 말하는 과학은 고고학, 역사학, 인지신경과학, 정신약리학, 사회심리학, 문학, 시, 유전학 등이다. 이런 인지과학과 인문학을 통해 이제 인간의 취함에 대한 욕구가 진화의 실수가 아니라, 진화가 보기에 거기에는 나름의 원인과 실용성과 장점이 있어서 그대로 둔 것임을 증명할 수 있다.

술 취함에 대한 인간의 취향

사람들은 술 마시는 것을 좋아하고 술자리도 즐긴다. 음주는 보편적인 인간의 즐거움 중 하나다. 현재 전 세계 24억 명 이상이 음주 활동을 즐긴다. 현재 세계 인구가 80억 명 정도라는 것을 고려하면, 지구 인구의 약 3분의 1이 애주가라고 할 수 있다. 이런 점에서 음주는 특정 지역이나 사회에 국한되지 않는 지배적인 문화적 · 사회적 활동이다.

인간의 이러한 술 취향은 최근에 나타난 지금의 현상만은 아니고, 인간과 알코올의 관계는 수만 년 전으로 거슬러 올라간다. 인간이 정말 오랫동안 술을 좋아했다는 고고학 기록이 있다. 프랑스 남서부의 2만 년 된 조각품에서는 다산의 여신으로 추정되는 한 여성이 각배(角盃: 뿔잔)를 입에 물고 무언가를 마시고 있다. 단순히 물 마시는 현상을 무언가 대단한 것으로 여겨서 작품으로 남겼을 리는 없다. 짐작건대, 그것은 술이었을 것이다. 이 조각품에 등장하는 '다산의 여신'은 종종 생명, 풍요, 그리고 번식의 상징으로 여겨지는데, 이는 음주가 문화적, 의식적, 또는 기념적 의미를 지녔을 수 있음을 암시한다.

인간이 우연히 발견한 발효 과일 주스를 마신 것이 아니라, 의도적인 과정을 통해 적극적으로 술을 빚었다는 최초의 증거는 기원전 7000년경 역사적으로 중요한 초기 농업과 문명의 지역인 중국 황하 유역에서 발견되었다. 그 지역의 정착지에서 발견한 깨진 도자기 조각에서 야생 포도, 과일, 쌀, 꿀을 혼합한 정제되지 않은 술의 화학적 잔여물이 검출된 것이다. 그리고 기원전 약 7000~6000년경에 현재의 조지아에서 포도가 재배되기 시작했다는 증거가 발견되었다. 그 지역에서 인간이 포도나무를 선택적으로 재배하여 더 안정적이고 일관된 수확을 가능하게 했을 텐데, 이는 아마도 와인 생산을 위한 것으로 추정된다. 같은 지역에서 발견된 도자기 조각에는 춤추거나 기뻐하는 모습이 그려져 있다. 여기서 포도는 식용이 아닌 와인 제조용으로 사용된 것으로 해석된다.

술 취함은 넓은 의미에서 취함(intoxication, 醉)의 한 종류다. 술 대신 다른 취성 물질로 취하려는 인간의 욕구를 충족하는 다양한 문화가 존재한다. 고대 인도에서는 술이 도덕적으로 미심쩍은 취함을 일으킨다고 생각해 독버섯으로 만든 액체인 소마(soma)를 종교 의식에서 사용했다. 그리고 선인장에서 추출한 환각제인 메스칼린(mescaline)이 함유된 콩이 멕시코 북동부의 인간 동굴 주거지에서 발견되었다. 이 콩은 기원전 3700년의 것으로 추정된다. 태평양의 많은 문화에서는 술 대신 후춧과 식물의 뿌리를 이용한 마취성 음료인 카바(kava)를 취성 물질로 사용했다. 유라시아에는 8000년 전으로 거슬러 올라가는 대마초 사용의 오랜 역사가 있으며, 기원전 2000년까지 대마초는 널리 유통되던 기분 전환용 약물이었다. 대마초를 구하지 못하는 유라시아 밖의 오스트레일리아

원주민은 마약, 흥분제, 나무 재를 섞어서 만든 피처리(pituri)를 씹는담배처럼 사용했다고 한다.

이처럼 우리 인간은 전 세계적으로 정말 오랜 시간 동안 취해 왔다. 앤드루 쉐라트(Andrew Sherratt, 1946~2006)와 같은 고고학자는 취함의 인간 성향을 호모 사피엔스 사피엔스(Homo sapiens sapiens)의 특징이라고 주장하기까지 한다(Sherratt, 2005). 호모 사피엔스의 아종인 호모 사피엔스 사피엔스는 '슬기 슬기 사람'을 뜻하고, 4만~5만 년 전에 이루어진 급격한 형질 변화를 통해 나타난 것으로 추정된다. 뇌 용적은 초기 호모 사피엔스와 큰 차이가 없거나 오히려 적었지만, 이 시기에 인류의 창의성은 급격한 발전을 보였다. 사리를 밝혀 일을 잘 처리해 가는 능력인 '슬기'가 두 번 반복되는 이 인류에게서 창의성이 크게 발전했다는 것과 취함의 인간 성향이 이 인류의 특징이라는 한 고고학자의 의견 사이의 관계에 주목할 필요가 있다. 즉, 취함의 인간 성향과 인간 창의성 사이에 심오한 관련성이 있다는 것이다.

술 취함에 대한 인간의 욕구와 취향은 일반적으로 통용되는 과학적 틀에 넣어 설명할 수 있다. 그 과학적 틀이란 '공중 납치 이론'과 '숙취 이론'이다. 우리 인간은 간절히 원하는 일을 해내고 나면 그 성취감으로 인해 뇌에서 보상용 화학 물질이 나오도록 진화했다. 하지만 술은 보상받을 일을 하지 않고도 술의 주성분인 에탄올이 우리 뇌에 보상용 물질을 방출하게 한다. 이것은 술 취함의 취향을 설명하는 공중 납치 이론이다. 우리가 술을 마실 때는 몸에 통증이나 고통 없이 즐겁고 유쾌하여 그 술자리에 모두 적응하지만, 과음한 다음 날은 그 효과가 부정적으로 나타나 일상에 적응하지 못하는 것으로 보는 것이 숙취 이론이다.

이 두 이론은 다음 장에서 더 구체적으로 살펴보겠지만, 이 두 과학적 틀의 공통된 입장은 술 취함에 대한 인간의 욕구와 취향이 진화의 실수라는 것이다. 즉, 진화가 오류로 인해 제대로 작동하지 않아 인간이 계속해서 술에 취한다는 것이다. 또한 이런 진화의 실수에 기반한 과학적 틀과 설명에서는 술 취함을 해악으로 본다. 하지만 인지과학의 틀에서는 술 취함을 진화의 오류로 보지 않고, 인간의 속성에서 필요한 것이지 해악이 아니라고 본다. 그래서 술 취함의 미학을 파악할 필요가 있다.

참고문헌

McGovern, P.(2009). *Uncorking the past: The quest for wine, beer, and other alcoholic beverages.* Berkeley: University of

California Press.

Sherratt, A.(2005). Alcohol and its alternatives: Symbol and substance in pre-industrial cultures. In J. Goodman, A. Sherratt, and P. E. Lovejoy(Eds.), *Consuming habits: Drugs in history and anthropology*(pp. 11-46). New York: Routledge.

Slingerland, E.(2021). *Drunk: How we sipped, danced, and stumbled our way to civilization*. Berkeley: Little, Brown Spark.

02

술 취함 취향의 이론

전통적으로 술에 취하는 행위는 인류가 진화하는 과정에서 나타난 오류로 간주된다. 진화적 오류를 설명하는 공중 납치 이론에서는 무언가를 성취하지 않았음에도 그 주성분인 에탄올이 우리 뇌에 보상용 화학 물질을 방출하게 한다는 것이다. 숙취 이론에서는 가볍게 취하려는 욕구가 처음에는 적응적 행동이었지만 현대 환경에서는 적응적이지 않은 행동이라는 것이다. 이 두 가지 이론은 술에 취하는 것을 나쁜 행위로 본다는 문제점을 보인다.

공중 납치 이론

술 취함에 대한 인간의 취향을 설명하는 공중 납치 이론은 그 이름에서 알 수 있듯이 술 취함을 공중 납치에 비유한다. 공중 납치는 납치범이 테러와 같은 상황에서 자신의 목적을 달성하려고 비행기를 장악하는 범죄 행위다. 비행기라는 빠른 교통수단인 쾌락 시스템을 불법적으로 활용하는 것이 공중 납치 이론의 핵심 골자다.

우리는 간절히 원했던 일을 최선을 다해 이루고 나면 기분이 좋아진다. 이는 그런 성취감으로 인해 우리 뇌에서 엔도르핀 같은 보상용 화학 물질이 나오기 때문이다. 정상적인 경우라면 인간이 엔도르핀을 얻기 위해서는 정신적이든 육체적이든 노력을 해서 무언가를 이뤄 내야 한다. 하지만 어떤 일을 열심히 하고 싶지는 않고, 그러면서 기분은 좋아지고 싶을 때 손이 가는 것이 바로 '술'이다. 이처럼 술은 '노력'이라는 인간의 미덕을 배제하므로 좋은 이미지를 가질 수 없다.

하지만 진화는 적당량의 술에 적당히 취하는 것은 묵인해 준다. 영장류가 정글 바닥에서 우연히 발효된 과일로 가끔 취하는 것은 애교로 보이기도 한다. 여기까지는 문제가 없다. 하지만 불이라는 도구를 사용하고, 이와 같은 도구 사용에서 얻은 문화적 혁신이 축적되면서 오늘날의 인간은 강력한 증류주를 만들어 마시게 되었다. 인간은 이제 독한 증류주로 술 취함의 욕구를 충족한다. 강력한 증류주로 인한 엄청난 양의 엔도르핀으로 보상을 받고자 한다. 그래도 독한 술은 진화의 방어망을 빠져나갔다. 이것은 진화의 오류라는 공중 납치 이론에서 내놓는 주장이다.

알코올이 우리 뇌의 보상 체계를 납치하여 그 체계를 작동하는 것으로 보는 공중 납치 이론에 비추어 볼 때 술에 취하는 것은 인간에게 어떤 이점을 줄까? 2022 US오픈 테니스 대회 남자 단식 결승에 카를로스 알카라스(Carlos Alcaraz)와 카스페르 루드(Casper Ruud)가 올라왔다. 결승전은 세트 스코어 3 대 1(6-4, 2-6, 7-6, 6-3)로 알카라스의 승리로 막을 내렸다. 승리의 순간 알카라스는 뇌에서 엔도르핀 같은 보상용 화학 물질이 나와 더없는 행복감을 느꼈을 것이다. 반면, 총경기 시간 3시간 20분 동안의 혈투 끝에 최선을 다했지만 패배한 루드는 우울하고 참담한 기분이었을 것이다. 이 선수에게도 기분을 끌어올리기 위한 보상은 필요하다. 시원한 맥주 한 잔은 바로 이와 같은 상황에서 그런 보상이 될 것이다.

숙취 이론

술 취함에 대한 인간의 취향을 설명하는 숙취 이론은 '적응'의 개념에 바탕을 둔다. 어떤 인간의 행동이 자신의 삶에 유용하지 않고 심지어는 나쁜 것이라고 하자. 이때, 해당 행동이 처음 등장했을 때는 인간이 환경에 적응하는 것을 돕는다는 목적에 비추어 바람직했을 수도 있다. 이와 같은 행동의 등장을 설명하는 것이 바로 숙취 이론이다. 숙취란 술에 들어 있는 알코올이 대사되고 작용하는 과정에서 두통, 메스꺼움, 구토 등의 증상을 일으키는 부작용을 말한다. 술을 즐기는 사람이라면 한 번쯤은 숙취를 겪었을 것이다. 하지만 분명 그 전날 친한 사람들과 같이 마셨던 술과 술자리는 즐겁고 유쾌했을 터다. 즉, 처음의 적당한 양의 술은 적응상 아무런 문제가 없고 오히려 긍정의 분위기를 만들어 낸다. 하지만 그다음 날이 되면 그 부작용은 전날 마신 술을 후회할 만큼 우리에게 고통스러운 법이다.

이런 숙취 이론은 술 취함의 취향뿐만 아니라 현대인이 정크 푸드를 쉼 없이 즐겨 먹는 행동도 설명할 수 있다. 적응에 비추어 볼 때 지금은 정크 푸드를 과하게 먹으면 비만 등의 부작용이 있다. 하지만 농업 혁명 이전의 수렵 채집 사회에서는 어땠을까? 지방이나 설탕이 함유된 고밀도

열량 음식을 구하기 힘들었던 그 시절에는 우연히도 그런 먹을거리를 발견하면 과하다 싶을 정도로 섭취했을 것이다. 이는 진화적 적응의 목적에 부합하는 바람직한 인간 행동이었다.

술 취함의 인간 취향이 진화의 실수라는 것을 인정하면서도 숙취 이론은 술 취함에 대한 인간 취향을 옹호한다. 이 이론이 내놓는 술 취함의 장점에는 어떤 것이 있을까? 숙취 이론은 술 취함이 처음에는 적응적 인간 행동이었지만 그 이후에는 적응하기 힘든 부작용을 유발한다는 것이다. 따라서 이 이론에서 술 취함의 장점은 그 부작용은 무시하고 처음의 적응적 측면만 부각하면 쉽게 포착된다.

익은 과일에서는 효모와 박테리아 간에 전쟁이 일어난다. 익은 과일에서 당이 나오면, 효모는 공기와 힘을 합쳐 알코올을 생산한다. 반면 박테리아는 알코올에 약하므로 과일의 영양분을 얻기 위해 효모와 경쟁한다. 서로 살기 위한 효모와 박테리아 간의 치열한 화학전이 일어나는 것이다. 이 전쟁에서 효모가 승리하면 자연 발효가 진행되어 알코올이 나온다. 로버트 더들리(Robert Dudley)는 당류(糖類)의 알코올 발효로 얻어지는 무색투명한 휘발성 액체인 에탄올이 영장류가 알코올에 대한 취향을 얻게 된 열쇠라고 주장한다(Dudley, 2014). 이 에탄올은 휘발성이 강하여 공기를 통해 먼 거리를 이동할 수 있는 특징이 있다. 우리 영장류 조상은 알코올 분자의 향기를 따라 잘 익은 과일이라는 진귀한 상을 찾아낼 수 있었고, 소량의 알코올로 고품질의 영양분을 섭취할 수 있었다. 이처럼 숙취 이론에서 알코올을 옹호하는 이유는 영양분이 많이 부족했던 우리 영장류 조상에게 알코올이 생존 가능성을 높일 수 있는 계기가 되었기 때문이다. 이런 숙취 이론을 더들리는 '술 취한 원숭이(drunken monkey)' 가설이라고 부른다. 이는 인간이 술을 좋아하는 내력이 수백만 년 전 유인원 조상이 발효된 과일을 골라 먹던 데서 시작됐다는 가설이다.

숙취 이론에서 말하는 알코올의 또 다른 장점은 곡물과 과일의 발효가 칼로리를 더 오래가고 휴대하기 쉬운 형태로 전환하는 데 유용하다는 것이다. 영국의 영양학자 벤저민 스탠리 플랫(Benjamin Stanley Platt)은 옥수수 같은 곡물을 발효시키면 필수 미량 영양소와 비타민 함량이 거의 두 배로 증가하는 것을 관찰했다. 그는 이를 '생물학적 고상화(biological ennoblement)'라고 불렀다(Platt, 1955). 알코올음료는 칼로리 밀도가 매우 높은데, 이는 '모든 잔에 한 끼씩'이라는 흑맥주 기네스의 캐치프레이즈를 통해 알 수 있다. 이 외에, 알코올은 박테리아를 죽이도록 설계되어 살균 특성이 있고, 물을 소독하는 효과도 있다.

두 이론의 한계

이처럼 숙취 이론과 공중 납치 이론이 술 취함에 대한 긍정적인 부분을 부각한다는 점은 높이 인정한다. 하지만 그런 인간의 취향을 진화의 실수로 본다는 점에서 이 두 이론의 한계가 드러난다.

두산백과는 진화를 이렇게 정의한다. "진화란 생물이 환경 속에서 생식(生殖)을 통하여 대(代)를 이어 가는 사이에 변화해 가는 것을 의미한다. 보통 구조나 기능에서 간단한 것으로부터 더욱더 분화하고 복잡한 것으로 발전하며, 적은 수의 종류로부터 많은 종류로 갈라져 가는 것을 의미한다." 진화는 단단하고 견고한 시스템이고, 우리가 상상하기 힘들 정도의 긴 시간이라는 엄청난 무기를 가지고서 인간의 눈에 띄지 않고 은밀하게 작동한다. 진화는 인류가 나타나기 전부터 작동했고, 지금도 인류와 지구상의 모든 생물에게 작동하고 있으며, 혹시 인류가 이 지구상에 사라진다고 해도 다른 생물체들과 관련해 그 작동을 계속 이어 나갈 것이다.

이렇게 거대한 진화에게는 그 진화상의 시간에서 모래

한 톨에도 지나지 않는 인간의 행동은 아무것도 아니다. 실수했느니 오류가 있느니 하는 판단은 대등한 사람들끼리 하는 것이지, 진화의 시간상에서 하찮은 존재인 인간이 감히 거대한 진화에게 내릴 수 있는 판단이 아니다.

진화라는 놈은 실수할 만큼 어리숙하고 만만한 놈이 아니다. 진화는 실용성이 없는 존재라면 가차 없이 사라지게 할 만큼 독한 놈이다. 진화의 이름으로, 해당 환경에서 실용성과 효용성이 없다는 이유로 공룡 등 얼마나 많은 생명체가 사라지고 변형을 겪었는지 생각해 보자. 우리 인간과 비교해 몇 배나 큰 공룡이지만 진화의 입장에서 종을 존속시킬 가치가 없다고 판단되어 해당 종은 진화로부터 처단되었다. 이처럼 무지막지하고 절대적인 진화의 입장에서 바라본다면 술에 취해 비틀거리는 무력하게 보이는 인간을 차단하는 일은 식은 죽 먹기일 것이다. 술 취함이 실용성과 효용성의 가치가 없다면 진화는 우리 인간에게서 취하려는 욕구를 없앴을 것이다. 그러나 진화는 그렇게 하지 않았다. 즉, 술 취함에는 나름의 장점이나 미덕과 미학이 있다는 것을 진화는 알고 있다는 얘기다.

숙취 이론은 취한 이후의 숙취에 따른 비싸고 혹독한 비용에 대해서는 함구한다. 숙취 이전의 술이 가져다주는 장점만 말하고 있다. 물론 술은 영양가도 있고 소독도 하고 맛도 좋다는 점에서 유용한 역할을 한다. 문제는 이런 기능을 술만 할 수 있는 것은 아니라는 것이다. 생물학적 고상화를 위해 곡물을 반드시 술로 발효시켜야 하는 것은 아니다. 곡물을 죽으로 발효시켜도 된다. 즉, 발효된 죽도 술만큼 영양가가 있고, 그 죽을 덩어리로 굳게 해서 나중에 먹을 수도 있으므로 식량 보존 문제도 자연스럽게 해결된다. 그리고 물을 소독하기 위해 술을 사용한다고 하지만, 박테리아가 득실거리는 물이라면 그냥 끓여도 이 문제는 쉽게 해결된다. 이처럼 숙취 이론은 그 설명이 깔끔하지 못하다. 마치 더운 여름에 마시는 시원한 맥주가 아닌 미지근하고 냉랭한 맥주의 맛처럼 어딘가 개운하지 못한 느낌이 난다.

술 취함에는 분명히 비용과 대가가 따른다는 사실을 고려할 때, 문화적 진화 속에서 오수, 미세한 영양소의 부족, 또는 음식 보존의 문제에 대한 대체 해결책이 빠르게 발견되고 이용되었다면 술을 즐겨 마시는 인간의 행위는 멸종되었을 것이다. 다른 말을 보탤 것도 없이 그런 일은 일어나지 않았다. 왜 인간은 자발적으로 우리의 마음, 특히 우리의 뇌를 알코올로 독살하려 하는가? 우리의 뇌를 파괴하는 이 입속의 적을 방어하는 수단이 있음에도 우리는 왜 그 적을 방어하지 않고 무찌르지도 않고 그냥 두는 것일까?

어쨌든 술 취함에 대한 진화의 실수를 설명하는 이 두 이론 모두 술 취함이 인간에게는 없어지고 사라지고 없애야 하는 해악임을 전제하고 있다. 술 취함을 없애려는 노력은 술이 발견된 이래로 계속되고 있다. 동서고금을 막론하고 시행했던 금주법이 대표적인 사례다. 술과의 전쟁을 선포했지만, 문제는 술이 사라지지 않고 오히려 시간이 가면 갈수록 술의 종류도 더 다양해지고 있다는 점이다. 술은 크게 두 가지 범주로 나뉜다. 발효주와 증류주가 그것이다. 이 큰 두 범주의 술은 지금은 더욱 세분되었고 다양한 종류의 술을 즐기는 단체나 사단 법인까지 자연스럽게 설립되는 정도다.

바로 여기서 '술 취함의 역설'이 보인다. 해악인데 그 성장은 멈추질 않는다. 왜 그럴까? 술 취함은 해악이 아니기 때문이다. 술 취함에는 그 나름의 장점이 있다는 얘기다. 에드워드 슬링거랜드(Edward Slingerland, 1968~)는 2021년에 출간한 책에서 이렇게 주장한다. "술 취함이 진화의 실수가 아니라 창의성 향상, 스트레스 완화, 신뢰 구축, 그리고 사나운 종족 영장류들이 낯선 사람들과 협력하게 하는 기적을 일궈 내는 것과 같이 수많은 독특한 인간의 문제를 해결하게 돕는다……술에 취하려는 욕구는 첫

번째 대규모 사회가 등장하도록 자극하는 데 결정적인 역할을 했다. 취하지 않았다면 문명도 없었을 것이다."(Slingerland, 2021)

"술 취함은 해악인가?"라는 질문에 나는 이렇게 답한다. 술 취함은 해악이 아니다. 물론 해악이 아니라고 해서 무작정 마시고 싶을 만큼 마셔야 한다는 말은 아니다. 술 취함에만 있는 장점이 어떤 것인지 파악하는 것이 중요할 것이다.

참고문헌

Dudley, R.(2014). *The drunken monkey: Why we drink and abuse alcohol.* Berkeley: University of California Press.

Platt, B. S.(1955). Some traditional alcoholic beverages and their importance in indigenous African communities. *Proceedings of the nutrition society,* 14, pp.115-124.

Slingerland, E.(2021). *Drunk: How we sipped, danced, and stumbled our way to civilization.* Berkeley: Little, Brown Spark.

03

이기적 영장류이자 사회적 곤충인 인간의 이중성

유전적으로 자기희생과 협력의 성향이 있는 사회적 곤충과 달리, 인간은 본질적으로 개인주의적이며 타인에게 착취당하는 것을 경계한다. 하지만 영장류인 인간은 선대로부터 물려받은 유산을 바탕으로 뛰어난 수준의 협력이 가능하다. 인간은 이기심과 협동심을 동시에 지니고 있다. 여기서 술과 술 취함은 영장류의 본성과 대규모 사회생활의 요구 사이에서 발생하는 필연적인 긴장을 부드럽게 해소해 준다.

우리 인간에게 도전거리는 타인이다

인지과학자 마크 존슨(Mark Johnson, 1949~)이 1987년에 집필한 책이 한 권 있다. 제목은 『The Body in the Mind』다. 우리말로 옮기면 『마음속의 몸』 정도가 된다. 이 책을 펼쳐 서론을 보면 첫 단락에 이런 구절이 나온다. "우리 인간에게는 몸이 있다. 우리는 '**이성적** 동물'이지만, 우리는 또한 '이성적 **동물**'이기도 하다." '이성'과 '동물'이라는 두 개념은 같은 위치에 있고, 강조에서만 차이가 난다. '**이성적** 동물'에서는 이성이 강조되고, '이성적 **동물**'에서는 동물이 강조된다.

마크 존슨은 인간이 이성적이지만 기본은 동물이라는 입장이다. 이에 반해, 에드워드 슬링거랜드(Edward Slingerland, 1968~)는 인간을 이렇게 정의한다. "인간은 적어도 겉으로는 이기심이 없는 사회적 곤충처럼 행동하는 듯하지만, 그 본성은 사실 몹시도 이기적인 유인원이다." 이 정의에서 키워드는 '이기심', '곤충', '유인원'이다. 인간에 대한 슬링거랜드의 정의는 술 취함에 대한 인간의 취향과 관련된 정의라는 것에 유념해야 한다. 이런 인간의 정의에 어떻게 술 취함이 자리를 잡는지 살펴보고자 한다.

우리 인간과 침팬지는 같은 유인원종이다. 유전학 분석

에 의하면 침팬지는 계통적으로 사람에 가장 가깝고 DNA의 98% 전후를 공유한다고 한다. 하지만 다 자란 침팬지와 다 자란 인간 성인은 힘에서 엄청난 차이를 보인다. 침팬지는 도구를 사용하거나 문제를 해결하는 영리한 유인원으로 알려져 있다. 거대한 이빨을 가진 침팬지와 인간이 일대일로 싸운다면 볼 필요도 없이 인간은 갈기갈기 찢겨 비참한 최후를 맞이하게 될 것이다. 혹시라도 혼자서 산길을 걷다가 침팬지를 만나게 된다면 우리는 무조건 줄행랑을 쳐야 한다.

하지만 살벌한 생존 현장에서 살아남아 거대한 문명을 이룩한 존재는 침팬지가 아니라 겉으로 나약해 보이는 우리 인간이다. 무엇이 이런 차이를 만들었을까? 자연계에서의 생존은 개인적 힘이나 개인적 영리함이 아니라 사회적 기술에 달려 있기 때문이다. 사회적 기술에 관해서만큼은 침팬지는 인간의 상대가 되지 못한다. 우리 인간은 어려운 상황에서 문제에 부딪히면 서로 협상도 잘하고 현명하게 조정도 하며 협업해서 그 문제를 해결해 낸다. 하지만 침팬지에게는 이렇게 하는 것이 너무나 힘든 일이다. 침팬지는 이기적인 유인원이기 때문이다. 침팬지에게 힘으로 해결해야 하는 물리적인 문제는 간단할지 모르지만, 무리를 이루고 생각을 나누며 공동의 목적을 위해 협력을 도모해야 하는 사회적 문제는 평생에 걸쳐도 해결하기 힘든 난제에 가깝다. 침팬지는 힘이 강하고 영리해서 사냥감을 능숙하게 잡는다. 하지만 잡은 사냥감을 어떻게 공유할 것인가라는 문제에 맞닥뜨리면 협상은커녕 바로 치열한 싸움이 벌어질 것이다. 이들에게 공동체의 존립과 부의 분배라는 문제는 한 번도 생각해 본 적 없는 주제기 때문이다.

인간이 자연계에서 적응하기 위해 극복해야 할 도전으로 물리적 환경이 있겠지만, 이보다 더 큰 도전은 '다른 사람들', 즉 '타자'다. 극한의 사막에 있다면 우리 인간은 마실 물을 찾는 방법을 알아야 한다. 하지만 더 중요한 것은 다른 사람들이 모여 있는 곳으로 그 물을 운반하는 데 필요한 노동을 어떻게 분담할지를 상의하고, 그 물을 옮겨 그들과 나눠 마실 줄도 알아야 한다는 점이다. 그리고 내가 지키고 있지 않을 때 누가 내 물을 훔칠지를 간파하는 것도 똑같이 중요하다.

비슷한 예로 우리가 직장에 나가 하루하루 버티면서 살아갈 때 우리끼리 흔히 하는 말이 있다. 일이 힘든 것이 아니라 '사람'이 힘들다고. 그렇게 인간에게는 해야 할 일과 극복해야 할 가혹한 물리적 환경은 크게 문제 되지 않는다. 어떻게 동료나 선배, 후배 등과 잘 지내면서 업무를 처리하느냐가 관건이다.

인간의 도전을 극복하는 술 취함

이런 사실은 우리 인간이 왜 술에 취하는가라는 퍼즐을 푸는 데 중요한 역할을 한다. 인간은 계획적이고 조직적이며 규칙적으로 술에 취하는 유일한 종이다. 술 취함에는 엄청난 비용과 대가가 따른다. 그런데도 왜 인간은 술에 취하는 것에 집착하는가? 앞서 이야기했듯이, 술 취함에 대한 인간의 취향이 진화의 실수는 아니다. 그렇다면 취함은 우리 인간에게 무엇이 좋은가?

이 질문에 답하기 위해서는 먼저 인간 자체에 관해 이야기해 볼 필요가 있다. 모든 생물종은 특정한 환경에 적응함으로써 살아남는다. 이에 대하여 슬링거랜드는 수족관에서 키우는 작은 민물고기인 멕시칸 테트라(Mexican Tetra)를 예로 든다. 이 종은 크게 두 가지 형태로 존재하는데, 하나는 지상의 강에 서식하는 종이고 다른 하나는 어두운 지하 동굴에 적응한 종이다. 특히 동굴 테트라는 어두운 환경에 맞게 진화했다. 색소를 잃고 창백한 흰색이 되었으며, 완전한 어둠 속에서는 그 기능이 유용하지 않기 때문에 눈도 잃었다. 동굴에 서식하는 테트라는 특이한 외모에도 불구하고 환경에 잘 적응하고 있다. 후각과 촉각 등의 다른 감각에 의존해 먹이를 찾기 때문에 어둠 속 생활에 매우 잘 적응한다. 하지만 동굴 테트라는 동굴에 적응했으니 동굴 밖으로 나올 수 없고 평생 그곳에 머물러야 한다.

영장류 중에서 인간은 동굴 테트라와 크게 다르지 않은 상황에 처해 있다. 인간은 혼자서는 약하고 무기력하므로 여럿이 모여 문화를 형성하며 살게 되었다. 인간은 문화에 너무 의존하게 되어 이제는 문화 없이는 살 수 없게 된 것이다. 우리 인간은 불을 사용하게 되면서 채소와 고기를 조리해서 먹는다. 그러면서 날음식을 먹는 침팬지와는 달리, 음식을 씹을 거대한 턱과 튼튼한 치아, 정교한 소화계가 필요 없게 되었다. 강건하지 않은 이런 신체적 상태를 한 채 우리 인간은 동굴 테트라가 동굴에 적응하듯이 문화라는 동굴에 적응했다. 그리고 인간은 문화에 너무 의존하게 되어 이제는 문화 없이는 살 수 없게 되었다. 문화는 언어, 기술, 사회적 규범, 그리고 인간 사회를 정의하는 모든 학습된 행동을 포괄한다. 이러한 문화적 적응이 없다면 인간은 다른 영장류가 가지고 있던 많은 생존 기술을 이미 잃어버렸기 때문에 순수한 자연 상태에서는 생존에 어려움을 겪을 것이다.

문제는 인간이 사는 이 문화의 동굴이 붐비고 낯선 사

람들로 가득 차 있다는 것이다. 이런 밀집된 환경에서 살아가려면 낯선 사람들을 포용하고 서로 협력하며 서로 개방하고 신뢰해야 한다. 많은 사람이 작은 비행기에 빽빽이 탑승하는 상황을 보자. 모든 승객은 승무원의 지시를 고분고분하게 따라 안전띠를 매고, 승무원이 주는 때로 입에 맞지 않는 기내 음식을 잘 받아먹으며, 그렇게 재미있을 것 같지 않은 잡지나 영화 등을 보면서 시간을 보내고, 화장실에 가기 위해 초면인 옆 사람에게 양해를 구해 좁은 공간을 비집고 왔다 갔다 한다. 비행기가 목적지에 도착하면 다시 승무원의 지시대로 반듯하게 줄지어 걸어가면서 평화롭게 비행기에서 내린다. 이처럼 인간에게는 이런 힘든 상황에서 아무런 문제가 일어나지 않는다.

그 비행기에 같은 수의 침팬지를 태운다고 상상해 보자. 어떤 일이 벌어질까? 침팬지는 치열하게 이기적이고 혹독하게 경쟁적인 종이므로, 그 좁은 공간의 상황을 인내하지 못하고 혈투가 벌어져 기내에 피와 토막 난 몸 조각이 즐비할 것이다. 지독하게 이기적이고 끊임없이 경쟁하는 침팬지와 비교하면, 우리 인간은 비행기에 고분고분하게 앉아서 승무원의 지시를 잘 따른다는 점에서 꼬리를 흔드는 유순하고 순종적이며 어리숙한 강아지를 닮았다.

그뿐만 아니라 우리 인간은 여러 무리의 사람이 협동하

거나 각각의 전문 기술을 사용하여 집을 짓고, 집단에서는 각자 다른 역할을 맡아 제 몫을 다하며 삶을 살아간다. 즉, 인간은 사회적이고 협동적이다. 이런 점에서 우리 인간은 개미나 벌과 같은 사회적 곤충을 닮았다. 하지만 우리는 개미나 벌이 아니다. 개미나 벌과 같은 사회적 곤충의 경우, 집단행동은 군집의 이익을 위해 일하도록 유전적으로 프로그램되어 있으므로 일면에서는 몹시 간단하다. 개미 개체는 군집 동료와 높은 비율로 유전자를 공유한다. 그래서 개미 한 마리의 희생은 간접적으로 자신의 유전적 구성에 도움이 되므로 개인의 희생은 유전적 관점에서 유익하다. 어쩌면 그런 희생은 공동선을 위한 희생이 아니라 자신을 위한 개인적 희생이다.

그러나 인간은 영장류로 진화했으며, 일반적으로 친밀한 소규모 집단에서만 협력하는 경향이 있다. 인간의 진화적 배경에는 이기심과 개인의 생존이 가장 중요하게 작동하기 때문에 인간은 타인으로부터 착취당하거나 속는 것을 강하게 경계한다. 따라서 인간은 사회적 곤충에 비해 광범위한 대규모 협력이 어렵다. 즉, 서로 다른 유전자를 가진 유인원인 우리 인간은 협력은 하지만 식구나 가까운 친척, 동료에 국한해서만 그렇게 한다. 우리 인간은 타인에게 이용당하지 않으려고 항상 경계하고 있다.

인간은 제한된 협력을 지향하는 진화적 성향에도 불구하고, 놀라운 집단행동과 자기희생을 할 수 있다. 인간은 조직적인 사회 활동에 참여하고, 사회적 규칙을 준수하며, 때로는 개미와 같은 고도로 사회적인 곤충들이 보여주는 헌신의 수준을 뛰어넘는 이타적인 행동을 한다. 즉, 인간은 진화의 역사에서 기대할 수 있는 수준을 넘어서는 행동을 하기도 한다. 우리 몸에는 침팬지의 피가 흐르고 있으므로 우리 인간은 이기적이고 자신의 사리사욕을 위해 경쟁도 즐긴다. 하지만 우리 인간은 얼빠진 강아지의 모습과 사회적 곤충의 모습도 갖고 있다. 바로 여기가 인간의 이중성과 인간의 역설적인 면이 드러나는 순간이다.

슬링거랜드는 이런 인간의 문제와 그 해결책을 다음과 같이 요약한다. "네모난 나무못(영장류)을 원형의 구멍(사회적 곤충)에 박아 넣으려는 것은 어려울 수밖에 없다. 취함은 그렇게 하는 데 도움이 된다."(Slingerland, 2021) 이 비유는 인간과 같은 영장류를 사회적 곤충의 틀에 맞추는 데 내재된 어려움을 암시한다. 개미와 같은 곤충은 선천적으로 공동생활과 자기희생의 성향이 있지만, 인간은 그렇지 않기 때문에 이러한 집단행동이 다소 부자연스럽고 어렵게 느껴진다. 하지만 술 취함과 같은 특정 영향이 인간의 자연스러운 성향을 변화시킴으로써 인간의 협력을 촉진할 수 있다. 즉, 술 취함은 일반적으로 대규모 협력을 저해하는 개인의 경계심과 이기심을 감소시켜 인간이 사회적 곤충과 유사한 집단행동에 쉽게 참여할 수 있게 해준다.

그렇다. 술 취함은 타고난 침팬지의 몸에 얼빠진 강아지와 사회적 곤충의 피를 어느 정도 주입하는 것과 같다. 술은 인간의 이런 이중성을 해결하기 위한 간결한 해결책이다.

참고문헌

Johnson, M.(1987). *The body in the mind: The bodily basis of meaning, imagination, and reason.* Chicago: University of Chicago Press.

Slingerland, E.(2021). *Drunk: How we sipped, danced, and stumbled our way to civilization.* Berkeley: Little, Brown Spark.

04

까마귀 새끼를 닮은 우리 아이들!

우리 인간은 무기력하게 태어나지만 6년 후에는 민첩성과 유연성, 창의성을 발휘하는 까마귀와 닮았다. 인간은 나약하게 태어나므로 온 동네가 나서서 10대까지 키운다. 10대는 이성의 힘이 약해 감정의 지배를 받는 질풍노도의 시기다. 이들은 20대가 되어 독립하면서 창의적이고 문화적이며 공동체적인 존재로 발돋움해야 한다. 이러한 도전을 극복하기 위해서는 이성이 아닌 감정이 어느 정도 역할을 해야 한다. 이를 위해 술 취함이 역할을 할 수 있다.

닭 vs 까마귀

당신이 만약 다시 태어날 수 있다고 가정하면 닭과 까마귀 중에서 무엇으로 태어나고 싶은가? 당신의 결정에 도움이 되고자 이 두 조류가 부화할 때 각각 어떤 특징을 갖는지 간단히 설명하고자 한다. 먼저, 닭은 일찍 무언가를 이룬다는 뜻의 '조성(早成)' 종으로 분류된다. 즉, 닭은 부화 후 바로 활동하는 종이다. 닭은 알에서 부화하자마자 닭의 모습을 제대로 갖추고 있고 깃털도 나 있으며 바로 걷는다. 그리고 자신의 환경에서 살아가는 데 필요한 모든 것을 작은 머리에 가득 담은 채로 부화한다. 닭이 얼마나 영리하냐면, 닭은 간단한 숫자와 논리 관계를 처리할 줄 알고 간단한 인과 관계도 추론할 수 있다. 또한 닭은 다른 닭의 관점을 인지할 정도로 공감 능력도 있다.

다음으로 까마귀는 늦게 무언가를 이룬다는 뜻의 '만성(晚成)' 종으로 분류된다. 즉, 까마귀는 부화 후에 일정 기간 어미 새가 돌봐야 하는 종이다. 까마귀는 털도 없고 눈도 제대로 뜨지 못하고, 혼자서는 움직이지도 먹이를 먹지도 못할 정도로 무력하게 태어난다. 이렇게 태어난 까마귀는 자기 힘으로 살아가려면 족히 2년간 어미의 보살핌을 받아야 하고, 생존에 필요한 기술을 습득하려면 부모 곁을 맴돌면서 4년은 더 보내야 한다. 까마귀의 수명이 보통 10년이라고 한다. 그렇다면 성인 까마귀가 되려면 6년이 걸리고, 성인 까마귀로는 4년만 살게 되는 셈이다.

여기까지만 들으면 당신은 바로 "난 닭이요!"라고 외칠 것이다. 하지만 좀 더 들어보자. 닭과 까마귀의 수명은 보통 10년이라고 한다. 닭은 선천적으로 영리한 종이다. 닭은 간단한 수리력, 논리력, 공감력이 생후 2주째에 완성된다. 문제는 이 2주째에 할 수 있는 것이 닭이 할 수 있는 거의 모든 것이라는 점이다. 이런 능력을 갖추고 10년 동안 살아가는 것이다. 타고난 능력과 생후 2주에 걸쳐 생기는 능력이 뭐 그리 대단하겠는가? 그래서 우리는 흔히 머리가 나쁜 사람을 보고 "닭대가리!"라고 놀린다.

하지만 까마귀는 어떤가? 무기력하게 태어난 까마귀는 6년 동안의 훈련을 거친 뒤 행동에서 엄청난 민첩성과 유연성, 창의성을 가진 동물로 성장한다. 까마귀는 도구 제작 능력이 있다. 몇 번의 누적 단계를 거쳐 만든 갈고리 같은 도구를 사용해 부리가 닿기 어려운 곳에서도 곤충을 사냥한다. 그리고 까마귀는 여러 곳에 먹잇감을 숨기거나 저장할 정도로 기억력이 대단하다. 까마귀는 사회적 지능도 보여 준다. 한 까마귀가 음식을 저장하는 중에 다른 까마귀가 보고 있다면 잠재적 도둑이 주의를 딴 데로 돌릴 때까지 기다렸다가 자기 음식을 다시 감추기 위해 돌아오는 행동을 한다. 심지어는 작은 돌 같은 가짜 음식을 그 자리에 놓아두어 다른 까마귀를 당혹스럽게 하는 행동도 한다.

또한 까마귀는 유연하고 창의적이며 새로운 조건에 따라 복잡한 행동을 수정하는 능력도 있다. 까마귀는 주로 귀뚜라미를 사냥한다. 그러나 사냥한 귀뚜라미가 야생에서 빠르게 부패하는 조건에 있을 때는 귀뚜라미 대신 보관이 쉬운 땅콩을 저장하고 회수하는 법을 재빨리 배운다. 까마귀는 통찰력과 상상력이 있어야 하는 새로운 문제를 해결할 수도 있다. 예를 들어, 한 실험에서 까마귀에게 횃대에 매달린 끈에 고기를 달아서 주었다. 횃대 위에 앉아 있는 까마귀가 아래에 매달린 고기를 먹기 위해서는 일련의 단계를 따라야 한다. 고개를 숙여 부리로 끈을 잡고, 위로 당겨서 횃대 위복한다. 이 실험에서 야생 까마귀는 조심스럽게 이 상에 올려놓으며, 잡아당겨 올라온 끈을 발톱으로 밟은 다음 부리에서 그 끈을 놓는다. 그리고 이 과정을 몇 차례 반황을 파악한 후에 이런 단계를 따라서 이 과제를 해결했다. 닭에게 이런 실험을 했더라면 닭은 아마 굶어 죽었을 것이다.

생후 2개월 뒤의 닭의 능력과 부화한 뒤 6년 뒤의 까마귀의 능력을 이렇게 보고 난 뒤, 다시 태어난다면 닭과 까마귀 중에서 무엇으로 태어나고 싶겠느냐는 질문을 다시 받는다면 모두 "난 까마귀요!"라고 하면서 마음을 바꿀 것 같다. 만성 종이 더 좋은 전략 같은데, 왜 모든 조류가 조성 종이 아니라 만성 종으로 진화하지 않았을지 궁금증이 생기는 대목이다. 하지만 다시 생각해 보면 일찍 정점을 찍는 것이나 늦게 정점을 찍는 두 가지 전략 모두 각각 장점이 있으므로 세상에 존재한다. 따라서 실행되는 환경을 모르고서는 어느 쪽이 더 낫다고 판단할 수 없다. 즉, 조성 종도 결국은 진화의 실수가 아니라는 말이다.

인간의 까마귀 성질

우리 인간은 닭과 까마귀 중에서 만성 종인 까마귀와 비슷하다. 인간이 태어나서 성인(스무 살)이 될 때까지의 모습을 한번 들여다보자. 우리 인간이 출생한 직후를 보면 무기력해도 그렇게 무기력한 포유동물은 없을 것이다. 우는 것 외에는 할 수 있는 것이 아무것도 없는 포유동물이다. 태어난 아기를 안을 때도 우리는 얼마나 조심하는가! 네 살짜리 아이가 신발 끈을 묶는 것을 보면 기가 찰 정도로 한심해 보여서, 차라리 우리 아이가 닭을 닮았으면 좋겠다는 생각이 들 것이다. 더 심한 것은 이런 아이의 행동은 예측이 안 된다는 점이다. 신발 끈을 반 정도 묶고는 갑자기 코딱지를 판다. 그러다 한쪽 신발 끈을 다 묶고는 아무 이유 없이 다시 푼다. 그러고는 갑자기 이유 없이 바지를 벗는다.

인간 아이는 유례없이 나약하고 산만하며 성인의 입장에서 분통이 터지는 일을 연이어서 저지른다. 이와 같은 자식을 키우는 것은 엄청난 시간과 노력, 에너지가 드는 일이다. 엄마와 아빠뿐만 아니라 할머니와 할아버지를 포함해 온 동네 사람이 나서야 할 정도로 어려운 일이다. 인간 여성의 경우 45~55세 사이에 폐경이 오면서 생식을 하지 못하게 된다. 이런 폐경은 당연히 생리 현상이지만, 어린아이를 키우는 일과 관련지어 생각할 수 있다. 아이 하나를 키우는 일이 온 동네가 나서는 일이므로, 여성의 경우 손자를 돌보기 위해 개인적 생식을 포기하는 것이 폐경이라는 것이다.

문제는 10대다. 이 시기는 감수성이 예민하고, 주변 환경의 영향을 많이 받는 것으로 알려져 있다. 자아 정체성의 혼란을 경험하고 미래에 대한 불안 등으로 질풍노도의 시기를 보낸다. 우리는 이를 '중2병'이라고 부른다. 이런 10대들과는 부모가 대화하기가 대단히 어렵다. 10대는 감정의 통제를 받는다. 감정에는 언어가 개입할 여지가 없다. 대화와 언어는 이성의 영역인데, 10대는 아직 이성이 완성되지 않은 시기다. 이는 앞에서 살펴본 전전두피질을 생각해 보면 충분히 이해된다. 이성의 중심지인 전전두피질이 발달해 온전한 성숙에 도달하는 데까지 20년이 훨씬 넘게 걸린다고 했다. 즉, 10대에게는 이 뇌 부위가 아직 완성되지 않았기 때문에 질풍노도의 시기는 자연스러운 현상이다.

그리고 20대가 되면서 우리는 독립할 수 있게 된다. 진짜 문제는 이때부터다. 동굴 속에서만 사는 멕시칸 테트라(Mexican Tetra)가 동굴이라는 환경에 적응했으므로 동굴에서만 살아야 하듯이, 우리 인간도 문화라는 동굴에서 태어나 20대까지 그 동굴에 적응했다. 우리가 이 동굴에 적응하는 동안 엄마와 아빠가 우리 곁을 지켰고, 폐경으로 출산의 최전방에서 한발 물러선 조부모 등이 합세했다. 결국 아이를 키워 내기 위해 온 동네가 나선 것이다. 여기서 끝이 아니다. 우리가 적응해 온 이상하고 붐비는 문화라는 동굴은 엄청난 도전이 난무한다. 이 도전을 극복하기 위해 20대부터 우리는 창의적 · 문화적 · 공동체적 동물이어야 한다. 여기서 중요한 것은 우리 인간이 창의적이고 문화적이고 공동체적인 동물이 아니라, 그런 동물이 되어야 한다는 것이다. 도전이 난무하는 문화라는 동굴에서 이런 세 가지 속성을 가지고 무사히 생존하기 위해 우리를 도와주는 것이 술 취함이다.

술에 취하면 이성이 무뎌지고 감정이 증가한다. 이성은 모든 것을 자기 자신을 중심으로 돌아가도록 하는 사리사욕과 일맥상통한다. 인간의 생존을 위한 세 가지 속성 중에서 문화성과 공동체성은 개인 차원이 아닌 사회 차원에서 달성할 수 있는 성질이다. 그래서 이성은 이 둘을 달성하는 데 걸림돌이 된다. 내가 아닌 다른 사람의 감정을 살피고 공감해야만 사회성이 달성된다. 그런 사회성을 달성하는 데 적당한 술 취함과 짧은 시간 동안의 술 취함이 큰 역할을 할 수 있다.

창의성에 관해서 말하자면, "창의적으로 사고하라"라고 할 때 영어로는 "Think out of the box"라는 표현을 사용한다. 박스 안이 아니라 박스 밖에서 사고하라는 말이다. 여기서 말하는 박스란 무엇일까? 제도권이나 이성 그 자체다. 제도권과 이성 내에 갇히지 않고 그 틀을 벗어나 사고하는 것이 창의적 사고다. 이런 점에서 창의성 달성에도 이성은 걸림돌이 되므로, 이를 극복하기 위해 적당히 취할 필요가 있다. 이처럼 20대부터 갖추어야 할 창의성, 문화성, 공동체성을 위해 술 취함이 큰 역할을 한다.

참고문헌

Davis, J. C.(1981). *Utopia and the ideal society: A study of English Utopiah writing 1516–1700.* Cambridge: Cambridge University Press.

05

아이의 마음 되찾기

허무맹랑한 창의성이 아닌 실용적인 창의성을 위해 성인들은 고도로 구조화된 사고방식에서 벗어나 아이의 상상력, 탐구심, 유연한 사고방식으로 돌아가야 한다. 아이의 마음을 가진 어른은 '가상적 청년' 이라고 부를 수 있다. 가상적 청년이 되기 위해서는 전전두피질의 지배적인 영향에서 일시적으로 벗어나야 한다. 이를 위해 가장 손쉽게 사용할 수 있는 방법이 바로 술이라는 화학 물질을 사용하는 것이다. 결국 이러한 성인은 '술 취한 이성' 을 갖게 된다.

아이의 마음

힘든 현실 세계에서 살아가면서 경제적인 문제나 주변 사람들 때문에 힘들고 마음이 불편할 때가 있다. 어떤 경우는 이 현실과 타협하면서 나 자신이 순수성을 잃어 가고 심할 때는 타락하고 있다는 느낌이 들어 허탈해지기도 한다. 이때 어린 시절로 돌아가고 싶고 아이의 순수한 마음을 다시 갖기를 원한다.

'아이'라는 말이 나오니 대학 때 읽었던 프리드리히 니체(Friedrich W. Nietzsche, 1844~1900)의 『자라투스트라는 이렇게 말했다』에 나오는 내용이 생각난다. 그것은 인간 정신의 변화 단계를 이야기는 부분이었다. 니체는 인간의 정신이 세 가지 단계로 변화한다고 이야기한다. 첫째 단계는 낙타의 단계다. 낙타는 주인에게 절대 복종하고 비판하지 않으며 겁이 많다. 둘째 단계는 사자다. 사자는 자유를 쟁취하고자 하는 강한 욕망과 자신이 사막을 다스리는 주인이 되고자 한다. 낙타의 단계에서는 주인의 말에 무조건 순종하지만 사자는 자신의 의지로 움직이려고 한다. 사자의 단계는 상당히 고독하고 불안함이 엄습하는 단계기도 하다. 마지막 셋째 단계는 어린아이의 단계다. 니체는 궁극적으로 어린아이처럼 되어야 한다고 말한다. 어린아이는 매 순간을 즐기고, 나쁜 일도 금방 잊어

버리는 순수함을 지녔다. 어딘가에 구속되지 않고 오로지 자신의 모습을 통해 삶을 이끌어 나가려 한다. 니체의 말을 빌려 보자. "어린아이는 순진무구요 망각이며, 새로운 시작, 놀이, 제힘으로 돌아가는 바퀴이며 최초의 운동이자 거룩한 긍정이다."

인간은 문화라는 동굴에 갇혀 사는 이기적인 영장류다. 앞서 이런 존재로 살아남기 위해 인간은 창의적 동물이어야 하고 문화적 동물이어야 하고 공동체적 동물이어야 한다고 했다. 이 세 가지 동물의 공통적인 특징은 이성과 논리와 합리성이 부족하다는 것이다. 이를 위해서는 전전두피질의 작동이 일시 중단되어야 한다. 전전두피질이 완전히 발달하고 충분히 성숙하는 단계에 이르기까지는 20년이 훨씬 넘게 걸린다. 전전두피질의 미완성은 감정과 정서가 지배하는 아동기의 특징이다. 바로 이것이 니체가 말하는 어린아이의 특징이다. 어린아이가 매 순간 즐기고 순수하며 구속되지 않고 자신만의 모습으로 삶을 살아갈 수 있는 것은 전전두피질의 지배가 아닌 감정과 정서의 지배를 받기 때문이다. 인간의 생태적 지위인 문화라는 동굴에서 성공적으로 살아남기 위해 우리는 어린아이처럼 창의적이고, 문화를 흡수하고 전달하며, 타인을 신뢰하고 자신을 헌신할 줄 알아야 한다.

생리적으로 인간의 아이 상태는 영원히 지속되지 않는다. 어린 시절의 순수성과 호기심 많은 본성, 장난기는 나이가 들면서 줄어들거나 잃어버리는 경우가 많다. 어른이 되어서도 낯선 사람과 농담을 주고받는 등 가벼운 상호 작용의 작은 순간에서 즐거움을 찾을 수는 있지만, 이러한 순간은 일상생활의 현실적인 요구로 인해 종종 차단된다. 즉, 우리는 마냥 어린아이처럼만 살 수는 없다. 우리는 생계를 위해 하기 싫은 일도 억지로 해야 한다. 어떻게든 아침에 일어나서 직장에 나가고 나에게 주어진 업무를 처리해야 한다. 그리고 퇴근하고 집으로 와서는 저녁을 먹고 다시 잠을 잔다. 그리고 눈을 뜨면 쳇바퀴 위를 돌듯 같은 하루가 반복된다.

우리 성인들은 맡은 일에 집중하고 산만함과 유혹에 저항하며 감정을 조절하는 능력인 인지 제어(cognitive control)가 발달해 있다. 이 인지 제어 능력은 전전두피질이 완전히 성숙한 성인에게서 발휘되는 이성적 능력이다. 전전두피질은 의사 결정, 충동 조절, 계획과 같은 실행 기능을 담당하는 뇌 부위다. 전전두피질이 성숙해지면 자신의 행동을 더 잘 관리하고, 업무에 집중하며, 즉각적인 만족을 미루고, 일시적인 욕구보다 장기적인 목표를 우선시할 수 있게 된다. 이러한 발달은 어린 시절의 충동적이고 장난기 많은 행동으로부터 성인에게 나타나는 보다 절제되고 목표 지향적인 행동으로의 변화와 일치한다.

아이를 키워 본 사람이라면 누구라도 이해하듯이, 어린아이는 귀엽고 사랑스럽지만 우리 어른들이 믿고 신뢰할 만큼 쓸모 있는 존재는 아직 아니다. 중요한 업무나 책임을 관리하는 데 필요한 기술, 책임감, 신뢰성이 아이에게는 부족하다. 아이에게 중요한 일이나 책임을 맡기면 어른의 일반적인 특징인 집중력, 의사 결정 능력, 책임감이 부족하므로 혼란이나 실패로 이어질 수 있다. 가령, 어머니가 가스레인지를 켜고 보리차를 끓인다고 가정해 보자. 갑자기 급한 일이 생겨 어머니가 가스레인지를 켜 놓은 상태에서 아이에게 주전자가 끓으면 가스레인지를 끄라고 말하고 출타한다고 상상해 보자. 그 후에 일어날 일은 생각만 해도 아찔하다. 그래서 우리 부모들은 그런 상황에서 어린아이를 믿고 맡기기보다는 가스레인지를 끄고 일을 보러 나갔다, 다시 돌아와 보리차를 끓인다.

술 취한 이성

이런 까닭에 우리는 순수하고 창의성을 지닌 네 살짜리 아이의 능력을 과대평가해서는 안 된다. 앨리슨 고프닉(Alison Gopnik)은 아이들의 뛰어난 창의성에 대해 생각하면서 기업의 비유를 들어 설명한다. "아이와 어른 사이에는 일종의 진화론적 노동 분업이 존재한다. 아이는 인간종의 연구 개발(R&D) 부서다. 즉, 공상적이고 브레인스토밍을 하는 사람이다. 어른은 생산과 마케팅을 담당한다. 아이는 발견을 하고 우리 어른은 그 발견을 실행한다. 아이는 대부분 쓸모없는 수백만 개의 새로운 아이디어를 떠올리고, 우리 어른은 그중 서너 개의 좋은 아이디어를 갖고 와서 구현한다."(Gopnik, 2009)

어린아이는 창의적 동물이라고 했다. 하지만 창의성을 가장 잘 반영하는 특허를 어린아이가 받는 예는 없다. 또한 성인 발명가가 자녀로부터 아이디어를 빌리는 사례도 찾기 힘들다. 성인은 때때로 아이들이 불쑥불쑥 내뱉는 두서없는 말이나 행동에서 영감을 얻을 수는 있다. 하지만 유용하고 실용적인 문화적 혁신을 인식하고, 창의적인 약진을 이용하며, 통찰력을 상품으로 전환할 능력이 있어야만 그런 영감을 받을 수 있다. 즉, '실용적인 성인의 아이 같은 마음'이 문화적 혁신의 열쇠가 된다. 문화적 혁신은 그냥 아이의 마음만으로는 가능하지 않고, 이 문화를 발전시킬 실용적인 능력을 갖춘 성인이 참여해야 한다. 즉, 실행 가능한 문화적 혁신을 일으킬 수 있는 이상적인 사람은 어른의 몸을 가졌지만 짧은 기간 동안 아이의 마음을 가진 사람이다. 이런 사람은 뇌와 몸은 성인이지만 마음은 어린아이 같은 사람이다.

사리사욕으로 가득 찬 유인원임에도 불구하고 개미와 같은 사회적 곤충으로서 훌륭하게 역할을 다하기 위해, 인간 성인은 인지 제어의 자리인 전전두피질이 완전히 발달했음에도 불구하고 창의성, 유연성, 사회적 개방성 등 아이 같은 마음에 접근할 수 있어야 한다. 그렇다고 해서 몸과 마음 모두 다시 실제로 아이가 되어야 한다는 말은 아니다. 일시적으로 아이 같은 마음을 되찾아야 한다는 것이 요점이다. 우리는 아이처럼 창의적이고 낯선 사람을 신뢰할 수 있어야 하지만, 성인처럼 하기 싫은 업무를 하기 위해 힘겹게 아침에 일어나 제시간에 출근도 해야 한다. 그냥 아침에 일어나 제시간에 출근만 해서는 안 된다. 동서고금을 통틀어 영적 완벽함이나 도덕적 완벽함이 아이의 마음을 되찾는 것이라고 했다. 마태복음에서는 "진실로 너희에게 이르노니, 너희가 돌이켜 어린아이와 같이 되지 아니하면 결단코 천국에 가지 못하리라"라고 선언한다. 고대 중국의 도가 철학, 특히 노자의 『도덕경』에서는 이상적인 현자를 세상의 자연스러운 흐름에 완전히 개방적이고 수용적인 어린아이에 비유한다.

그러면 몸과 뇌는 성인이지만 마음은 아이인 이 '가상

청년(virtual youth)'이 되는 방법은 무엇일까? 성숙하고 고도로 통제된 어른임에도 불구하고 아이와 같은 창의성과 개방성에 접근해야 할 필요성을 해결하기 위해 다양한 문화적 기술이 개발되었다. 이는 일시적으로 아이와 같은 상태를 유도하여 어른이 아이처럼 상상력, 개방성, 수용성을 높일 수 있도록 고안된 방법이다. 명상이나 기도와 같은 다양한 종류의 영적 수행이 이를 위한 효과적인 방법이 될 수 있다. 이러한 활동은 마음을 고요하게 하고 경직된 사고를 줄이며 개방성과 존재감을 키워 어른이 더욱 편안하고 창의적이며 수용적인 상태로 전환하는 데 도움을 준다. 그러나 더 빠르고 더 간단하며 훨씬 더 대중적인 것은 뇌의 발달과 인지적 성숙을 일시적으로 역전시킬 화학물질인 술로 시선을 돌리는 것이다.

문화의 개념이 개입하는 순간 니체가 말하는 아이 같은 마음에서 나오는 순진무구한 창의성은 정답이 아니다. 그때는 '실용적 창의성'이 정답이다. 실용적 창의성을 위해 니체의 아이 같은 마음을 갖고 와서 술 취함의 개념을 추가해야 한다. 즉, 성인의 이성은 이제 문화에서 실용적 창의성을 위해 '술 취한 이성'이어야 하는 것이다.

참고문헌

Gopnik, A.(2009). *The philosophical baby: What children's minds tell us about truth, love, and the meaning of life*. New York: Farrar, Straus and Giroux.

06

술의 효용성과 이중성

창의성, 협동성, 공동체성을 위해 이성의 중심지인 전전두피질의 작동을 잠시 중지시키는 가장 효과적인 수단은 술이다. 술은 구하기 쉽고, 숙취는 그리 오래가지 않는다. 술 취함은 두 가지 단계를 거친다는 점에서 이중적 모습을 보인다. 상승 단계는 가벼운 행복감을 경험하게 하고, 하강 단계에서는 신경 활동을 억제한다. 술은 위험성에도 불구하고 번뜩하는 창의성의 순간을 얻고 이기심을 없애 서로 협력하고 공동체성을 확보하게 하는 데는 큰 역할을 한다.

왜 하필 술인가

사리사욕으로 가득한 영장류인 인간이 문화라는 동굴에 살게 되면서 그곳에서 생존하기 위해 세 가지 도전에 직면하게 된다. 그것은 창의성, 협동성, 공동체성이다. 이런 문화에서 생존하기 위해 영장류인 우리 인간은 창의적 동물이어야 하고 문화적 동물이어야 하고 공동체적 동물이어야 한다. 이성의 응결체인 사리사욕만을 가지고서는 이런 동물이 되기 어렵다. 이를 극복하는 방법이 '술 취함'이다. 이성과 논리와 합리성의 부위인 전전두피질을 공격해서 그 작동을 잠시 멈추게 하여, 전전두피질이 완전히 자리를 잡은 성인에게서 어린아이와 같은 인지적 유연성이 작동하고 '정서'가 그 정체를 드러내는 것이 술 취함이다. 그런데 전전두피질을 공격하는 무기가 왜 하필 술이어야 하는가?

과학 기술의 도움으로 전전두피질을 제압해 창의성을 자극할 수도 있다. 예를 들어, 경두개자기자극술(transcranial magnetic stimulation)은 전도 전자기 코일로 발생시킨 자기장으로 뇌의 특정 부위를 자극해 신경 세포를 활성화하는 비수술적 뇌 자극법이다. 머리 가까이에 전도 전자기 코일로 강력한 자기장을 발생시키면 이 자기장이 두개골을 통과하면서 경두개 피질의 신경 세포를 자극한다. 이때 자기장의 빠르기에 따라 대뇌피질의 활성도를 높이거나 낮출 수 있다. 우울증과 같이 대뇌피질의 활성도가 낮은 경우는 고빈도 자극을 이용하고, 불안증이나 조증과 같이 활성도가 너무 높은 경우는 저빈도 자극을 이용해 활성도를 조절할 수 있다. 문제는 이런 장치는 비싸고 휴대성이 매우 떨어진다는 것이다. 더욱이 드문 경우지만 졸도나 경련 등을 일으키기도 하고, 불편감, 고통, 경조증, 인지 능력의 변화, 귀울림 등의 부작용이 발생하며, 특히 금속 보철물을 삽입하면 의도치 않은 전류가 발생하기도 한다는 문제가 있다.

술 이외의 화학적 약물도 술과 비슷하게 전전두피질을 공격하는 무기가 될 수 있다. 대마초(마리화나)가 그중 하나다. 대마초는 마취 또는 환각 작용이 있는 대마의 잎이나 꽃을 말려서 담배처럼 말아서 피울 수 있도록 만든 마약의 일종이다. 문제는 대마초는 몸과 마음에 예측할 수 없는 영향을 미친다는 것이다. 더 큰 문제는 우리나라에서는 「마약류관리법」에 따라 취급을 규제하고 있다는 것이다. 실로시빈 버섯도 전전두피질을 공격하는 무기가 된다. 하지만 이 버섯은 심한 위장 장애, 심한 방향 감각 상실, 망상을 일으킬 수 있고, 장시간 동안 현실 감각을 잃게 할 수 있다. 그래서 어떤 문화도 저녁 식사 전이나 친목 모임에서 이런 실로시빈 버섯 섭취는 권장하지 않을 것이다.

술을 비롯한 앞서 본 화학적 취성 물질 외에 다양한 비화학적 의식도 전전두피질을 공격하는 무기가 될 수 있다. 예를 들어, 과도한 운동은 도파민을 자극하고 전전두피질을 하향 조절하여 '러너스 하이(달리기 애호가들이 느끼는 도취감)'를 만들어 낼 수 있다. 이는 과도하게 긴장된 몸이 항상 에너지를 갈망하는 대뇌피질로부터 자원을 빼앗아 즉각 필요한 운동계와 순환계로 돌리기 때문이다. 러너스 하이는 자아감 상실과 강렬한 행복감을 준다. 다양한 종교 전통에서 행하는 고통스러운 자세(책상다리하기, 무릎 꿇기)로 하는 긴 명상, 개인적 고행(자기 태형, 피어싱), 극단적인 호흡 운동법도 전전두피질로부터 에너지를 다른 곳으로 돌리면서 도파민과 엔도르핀을 증가시키는 비슷한 종류의 높은 황홀감을 제공한다. 과도한 육체적 활동이 동원되는 이런 비화학적인 의식은 건전해 보인다는 점에서 술 취함보다 더 권장할 만한 전전두피질 공격 방법 같다. 문제는 이런 행위가 너무 번거롭다는 것이다. 이런 극단적인 경험을 위해서는 엄청난 시간과 노력이 들기 때문이다.

전전두피질을 공격해 어느 정도의 시간 동안 우리의 자

아감을 상실하고 황홀감을 느끼며 무엇보다 창의성, 협동성, 공동체성을 위해 정서를 발휘하게 하는 것이 다음과 같은 특징을 갖추면 좋을 것 같다. 첫째, 경두개 자기 자극술과 달리 비싸지 않은 로테크(low tech: 차원이 낮은 단순한 기술)여야 한다. 둘째, 불법이지 않고 예상 밖의 부작용이 없어야 한다. 셋째, 엄청난 시간과 에너지가 드는 과도한 신체적 활동이 수반되지 않고 번거롭지 않아야 한다.

전전두피질의 기능을 효과적으로 잠시 중지시키고 우리를 정말 행복하고 편안하게 만들지만 몇 시간 정도만 지속해야지 과하면 안 된다. 그것은 어디서든, 거의 모든 것에서, 누구나, 적당히 저렴하게 만들 수 있는 무언가여야 한다. 만약 섭취하기 좋고 음식과 궁합이 잘 맞으며 춤을 비롯한 다른 공공 사회성의 형태로 이어질 수 있다면, 널리 즐기기에 더할 나위 없을 것이다.

술은 복용하기 쉽고, 그 효과는 사람들마다 안정적이다. 무엇보다도, 이런 효과는 예측 가능한 방식으로 증가하다 약해지며, 그렇게 오래 지속되지도 않는다. 그래서 대부분의 비알코올 화학적 취성 물질의 단점과 비화학적 수단이 요구하는 엄청난 시간, 노력, 고통을 고려하면, 우리 대부분이 맥주 몇 잔을 선택하는 것은 자연스러운 결과다. 기분을 좋게 하고 전전두피질의 기능을 일시적으로 정지시키고 싶다면, 맛있는 액상 신경독인 술이 가장 빠르고 즐거운 선택이다.

술의 이중성

술은 이성이라는 적을 물리치는 가장 손쉬운 방법이다. 술은 구하기도 쉽고 가격도 저렴하다. 그리고 어젯밤에 마신 술로 인해 다음 날 겪게 되는 숙취는 예상이 되고, 그리 오래가지 않는다. 이런 점에서 술은 전전두피질을 공격하는 최고의 무기다.

술 취함의 양상은 두 단계를 거친다는 점에서 이중적 모습을 보인다. 먼저, 상승 단계는 알코올이 혈류로 유입되고 그 농도가 상승하면서 일반적으로 자극을 느끼고 가벼운 행복감을 경험하게 한다는 특징이 있다. 이는 알코올이 쾌락이나 기분 조절과 관련된 도파민과 세로토닌 같은 신경 전달 물질의 방출을 촉진하기 때문이다. 이 단계에서 알코올의 효과는 중추 신경계를 자극하는 코카인과 같은 각성제의 효과와 비교할 수 있다. 또한 이 상승 단계에서 알코올은 통증을 줄이고 기분을 개선하는 신체의 천연 화학 물질인 엔도르핀의 분비를 촉진한다. 이 효과는 순한 버전의 모르핀과 비슷해 통증을 완화하고 기분을 좋게 하며 불안을 감소시킨다. 따라서 술 취함의 초기 단계에서는 자극, 행복감, 통증 완화, 기분 개선, 불안감 감소 등의 복합적인 효과를 경험할 수 있다.

하강 단계에서는 혈중 알코올 농도가 최고치에 달했다가 그 후에는 신체가 알코올을 분해하기 시작해 혈중 알코올 농도가 떨어진다. 이 단계에서 알코올은 뇌 기능을 억제하는 효과를 낳는다. 뇌 기능의 억제 측면에서, 알코올은 억제제를 곱빼기로 제공한다. 알코올은 신경 활동을 억제하는 역할을 하는 가바 에이 수용체(GABAA receptor)의 활동을 강화한다. 이는 자동차의 브레이크를 세게 밟는 것과 같다. 동시에 알코올은 흥분성 신경 활동을 담당하는 글루탐산염(glutamate) 수용체의 활동을 억제한다. 이는 가속 페달에서 발을 떼는 것과 같다. 알코올은 이 두 가지 작용을 동시에 수행함으로써 뇌 활동을 현저히 둔화시킨다. 이러한 둔화는 알코올의 진정 효과로 이어지며, 혈중 알코올 농도가 너무 높으면 졸음, 협응력 저하, 반응 시간 지연 등의 진정 효과가 나타날 수 있다.

알코올의 억제 효과는 뇌의 세 가지 부위에 집중된다. 전전두피질(prefrontal cortex), 해마(hippocampus), 소뇌(cerebellum)가 그 부위다. 전전두피질은 의사 결정, 계획, 충동 조절과 같은 고차원적인 인지 기능을 담당한다.

해마는 새로운 기억을 형성하고 학습하는 데 중요한 역할을 한다. 소뇌는 주로 움직임, 균형, 운동 기술을 조정하는 데 관여한다. 해마와 소뇌는 알코올의 표적이 되므로, 술 취한 사람은 하룻밤 흥청망청 놀다가 집으로 돌아와 몸을 가누지 못해 넘어져 꽃병을 깨뜨리고 다음 날 아침에 꽃병이 어떻게 깨졌는지 기억이 나지 않아 의아해한다. 비틀거리며 꽃병을 깨뜨리는 것은 운동 제어(소뇌) 장애의 결과고, 이후 기억 상실은 기억 형성(해마) 장애로 인한 것이다.

여기서 가장 많은 관심을 두는 것은 전전두피질과 관련 부위의 활동 감소다. 일상적이지 않은 상황에서 생각과 행동을 관리하는 뇌의 능력인 인지 제어와 관련해 전전두피질의 핵심 동맹자는 전대상피질(anterior cingulate cortex)이다. 전대상피질은 감독관처럼 우리의 행동에 오류나 부정적인 피드백이 있는지 모니터링하고 변경이 필요한 경우 전전두피질에 신호를 보내는 역할을 한다. 한겨울 아침에 출근하려고 문을 나섰다가 빙판길에서 미끄러지려 할 때, 이 비틀거림을 알아채고, 보통 무의식적으로 작동하는 우리의 운동계를 전전두피질이 넘겨받도록 신호를 보내는 것이 바로 전대상피질이다. 이제 전전두피질은 우리의 걸음걸이 하나하나를 생각하면서 그 동작을 제어하기 시작한다. 전전두피질의 제어를 당하는 우리의 걸음걸이는 어색하고 부자연스럽게 될 수밖에 없다. 우리의 운동계는 그 자체의 장치에 맡겨 둘 때 가장 잘 작동한다. 그런데 운동계가 아닌 전전두피질이 인지를 제어하면서 자연스러움이 사라지게 되는 것이다. 그런데도 빙판길에서 위험해진 상황에서는 전전두피질은 매우 중요한 역할을 한다. 이 덕분에 우리는 미끄러져 넘어져 크게 다치는 일을 미리 방지할 수 있다.

술 취한 사람이 갑자기 빙판길을 걷는 상황을 생각해보자. 이 사람이 빙판길에서 미끄러지기 시작하는 상황에서도 전대상피질은 전전두피질로 문제가 있다는 신호를 보낸다. 하지만 술 취한 사람은 전전두피질이 손상되어 문제의 신호를 인식하지 못하고 이전처럼 걷는 행동을 계속하고 결국 미끄러져 넘어지고 만다.

사실 술은 전전두피질만 손상하는 것이 아니다. 술은 '약리적 수류탄'에 가깝다. 즉, 술은 사실상 주변의 모든 것에 영향을 미친다. 술에 취했을 때 전대상피질이 보내는 경고 신호를 전전두피질이 인식하지 못하는 것은, 술이라는 수류탄이 뇌에서 터뜨려져 일어난 다양한 폭발로 인해 뇌가 악화되기 때문이다. 술 취함에 영향을 받는 또 다른 대표적인 뇌 부위는 편도체(amygdala)다. 편도체는 동기와 기억, 주의, 학습, 감정과 관련된 정보를 처리하는 뇌 부위다. 그래서 술에 취하면 편도체가 손상되어 두려움을 비롯한 부정적 감정을 처리하는 기능이 약화되어 그런 자극이 실제로 어떤 일을 유발할지에 대해 무감각하게 된다. 그리고 주의(attention)가 즉각적 순간으로 좁혀져서 미래의 결과를 예측하는 것도 어렵게 된다. 작업 기억과 인지적 처리 속도도 감소한다. 전전두피질의 주요 기능 중 하나인 충동을 억제하는 능력도 손상된다. 마지막으로, 취함의 상승 단계에서 세로토닌과 도파민 급증을 경험하는 사람은 너무 기분이 좋아서, 느린 전전두피질과 전대상피질 팀이 경고 신호를 보내더라도 일을 망치고 있다는 것을 신경 쓰지 않는다.

지금까지의 이야기만 보면 술은 절대 마셔서는 안 되는 약물과 같은 것처럼 비친다. 술을 마시지 않고 이성의 지배를 받고 산다면 우리는 전혀 다칠 일이 없다. 어떻게든 외부의 위험한 상황이 발생하면 전대상피질이 경고 신호를 보낼 것이고, 맑은 이성의 전전두피질이 그 신호를 받아들여 더디긴 하지만 안전하게 우리의 행동을 수정할 수 있다. 출근길에 빙판길이 미끄러울 때 술에 취하지 않은 상황에서는 전대상피질과 전전두피질이 잘 협력하여 넘어져 다칠 일은 없다. 물론 사무실까지 가는 데 시간은 길이 미끄럽지 않을 때보다 더 걸리긴 할 것이다.

그렇다. 이성의 힘으로만 작동할 때는 '시간이 더 걸린다.' 술은 문화라는 동굴에서 인간이 생존하는 데 필요한 창의성, 협동성, 공동체성을 얻기 위한 보조 수단이다. 술 없이도 이 세 가지 특징을 얻을 수 있다. 하지만 시간이 더 오래 걸린다. 이 세 가지 특성은 이기적인 영장류가 얻어내기는 어려운 것들로서, 번뜩하는 창의성의 순간을 얻고 이기심과 사리사욕을 없애 서로 협력하고 공동체성을 확보하기 위해, 이성을 잠시 내려놓고 감정과 정서가 잠시 등장하게 할 필요가 있다. 그때 가장 적은 대가로 손쉽게 사용할 수 있는 것이 술이고, 그런 술 취함이 인간 생존에서 큰 역할을 한다.

전전두피질은 진화상 가장 신기한 뇌 부위고, 발달상 가장 늦게 성숙한다. 그리고 전전두피질은 우리가 인간으로서의 존엄을 지킬 수 있도록 작용한다. 충동을 제어하고 장기 과제에 집중하며 추상적으로 추론하고 때로는 만족을 지연시킬 줄 알며, 우리 자신의 활동을 감시하고 오류를 정정하는 능력이 없다면 삶이 어떨지 상상하기란 어렵다. 그러나 인간이 자신을 둘러싼 박스에서 벗어나 더 넓은 세상으로 나가기 위해서는 전전두피질의 구속으로부터 때때로 해방될 필요가 있다. 이때 술 취함은 인간이 이성으로부터 벗어날 수 있는 뒷길을 제공한다. 즉, 취하는 것은 창의성, 문화적 개방성, 공공의 유대감에 대한 적인 전전두피질을 일시적으로 무력하게 만드는 방법이다.

참고문헌

김동환(2024). 『인지인문학을 향하여』. 역락.

Shonstrom, E.(2020). *The wisdom of the body: What embodied cognition can teach us about learning, human development, and ourselves.* New York: Rowman & Littlefield.

Slingerland, E.(2021). *Drunk: How we sipped, danced, and stumbled our way to civilization.* Berkeley: Little, Brown Spark.

07

화학적 악수와 유대의 척도인 술 취함

악수를 통해 상대가 비무장 상태임을 확인하듯이, 우리는 함께 술잔을 기울임으로써 상대의 진솔함을 확인하곤 한다. 술은 사람들이 속임수, 경계심, 전략적 사고라는 정신적 무기를 일시적으로 내려놓음으로써 인지적으로 공평한 경쟁의 장을 마련해 진정성 있는 수준으로 연결될 수 있도록 하는 역할을 한다. 더 나아가 상대방도 취약하고 위험에 노출되어 있다는 것을 인식함으로써 유대감을 강화하고 신뢰를 구축할 수도 있다.

화학적 악수

악수는 두 사람이 나누는 공개적이고 안전한 인사법이다. 악수의 기원에 대해서는 많은 이야기가 있지만, 수백 년 전 잉글랜드에서 손에 무기가 없다는 것을 증명하기 위해 악수를 했다는 것이 통설이다. 악수는 신체적 접촉을 통해 믿음과 평등함을 확인시켜 준다. 과거에는 왼손 소매에 종종 무기를 숨겼기 때문에 왼손으로 악수를 했으나 시간이 흐르면서 오른손으로 바뀌었다. 왜냐하면 오른손이 '검을 잡는 손'이기 때문이다. 결국 악수는 무기가 없다는 것을 신체적 접촉을 통해 확인시켜 주고, 그로 인해 상대에게 서로 신뢰를 주는 수단이다.

이런 악수를 손으로만 하는 것은 아니다. 술도 악수의 역할을 한다. 술이 현대 사회에서 악수가 하는 일을 훌륭하게 대체할 수 있다면 "술은 악수다"라는 은유가 성립한다. 좀 더 구체적으로 말하자면 술은 '술 취함'이라는 화학적 작용에 기반하기에 '화학적 악수'라고 일컬을 수 있겠다. 우리는 문화라는 동굴에서 서로 협력하면서 살아야 한다. 문제는 인간이 태어나기를 이기적인 영장류로 태어났기에 누군가와 신뢰하고 협력하는 것이 절대로 호락호락하지 않다는 것이다. 그래서 공동체적 동물로 변모하도록 도와줄 술이 필요하다. 상대를 신뢰하고 상대에게 정서적 헌신을 하는 것이 중요하지만, 나만 이렇게 신뢰하거나 헌신해서는 안 된다. 나는 상대를 신뢰하지만, 상대는 위선을 갖고 나를 배신할 수도 있다. 우리 영장류 동물은 진심으로 공동체가 되는 혜택을 누리기 위해 서로 신뢰하는 법을 배워야 하지만 무차별적으로 상대를 신뢰해서는 안 되는 것이다. 이때도 술이 훌륭한 역할을 한다.

우리 인간은 상대를 신뢰해도 되는지를 판단하고 평가하는 타고난 능력을 갖추고 있다. 그런 평가를 위한 단서로는 미세한 표정, 목소리 톤, 몸짓 언어 등이 있다. 3세 이상만 되면 상대의 얼굴을 보고 그가 '비열하다', '착하다'처럼 상대가 믿음이 가는 협력자인지, 나를 배신할 사람인지 빠르게 평가할 수 있다고 한다. 이런 어린아이에게는 냉철한 계산, 이성, 이기심의 중심지인 전전두피질이 아직 발달하지 않았기 때문에 합리적 계산과 이성적 판단을 통해 상대의 신뢰도를 평가한다고 볼 수는 없다. 어린아이들의 이런 평가는 본능적 평가, 직관적 평가, 내장적 평가다. 결국 이런 평가는 이성의 힘이 아닌 정서의 힘에서 나온다.

정서는 냉철하고 '차가운 인지'가 아닌 무의식적인 '뜨거운 인지'를 이용한다. 뜨거운 인지는 계산하지 않기 때문에 시간이 오래 걸리지 않는다. 두 인지 간에 나타나는 차이는 다음의 일화를 통해 확인할 수 있다. 나는 살쪘다는 소리를 듣기 싫어하는 편이다. 그래서 일주일간 다이어트를 한 뒤 주변 사람들에게 살 좀 빠졌는지 봐 달라고 한다. 만약 그가 "음, 살이 좀 빠졌네요"라고 하면서 시간이 약간 지체되면 나는 그 사람의 말을 믿지 않는다. 진정성은 시간이 걸리지 않고 바로 반응이 나온다. 누군가 내가 그 질문을 하자마자 바로 웃으면서 "살 빠졌네요"라고 대답을 해 주면, 난 너무 기분이 좋아 계좌 번호 보내면 3만 원 입금해 주겠다는 농담을 던진다. 이처럼 정서의 표정은 정직하고 위조하기 어려운 신호다. 진정한 웃음과 미소는 의식적 제어가 어려운 법이다.

인간 공동체 내에서 위선자를 걸러 내는 능력은 중요한데, 이는 이러한 능력이 신뢰와 협력을 유지하는 데 필수적이기 때문이다. 인간은 흔히 '수상한 잠재적 파트너'라고 불리는 신뢰할 수 없는 사람을 찾아내는 데 상당히 능숙해졌다. 이러한 능숙함은 진화적으로 인간이 무의식적이고 감정적인 신호, 즉 자신도 인지하지 못하는 미묘한 신호에 주의를 기울이는 데 기인한다. 인간은 이러한 단서를 관찰함으로써 상대방이 속일 가능성이 있는지, 신뢰할 수 없는 사람인지 평가할 수 있다. 이러한 진화적 통찰력에서 얻은 실용적인 조언은 이 감정 신호를 사용하여 잠재적인 파트너를 평가하라는 것이다. 이 신호를 바탕으로 누군가가 변덕스럽거나 신뢰할 수 없는 사람으로 보인다면 그 사람과의 관계를 피하는 것이 좋다. 이 전략은 타인의 헌신과 신뢰를 악용하는 위선자의 부정적인 영향으로부터 공동체의 삶을 보호하는 데 도움이 된다.

"사기도 머리가 좋아야 친다"라거나 "거짓말도 머리가 좋아야 한다"는 말이 있다. 사기꾼은 머리가 비상하기 때문에 치밀한 계산을 통해 사람들에게 사기를 친다. 거짓말을 하거나 사기를 치는 것에는 한 가지 취약점이 있다. 거짓말은 자연스럽게 나오는 진실을 말하는 것과 달리 머릿속에서 다양한 계산을 하고 일관성과 신빙성을 유지하기 위해 더 높은 인지 기능과 통제력을 요구한다는 것이다. 즉, 거짓말을 하거나 정서를 속이는 것은 노력과 주의가 필요하다.

거짓말을 하거나 감정을 속이려면 노력과 주의 집중이 필요하지만, 진실을 말하거나 진정한 감정을 표현하는 것은 별도의 노력이 필요하지 않다. 거짓말쟁이가 거짓말하는 것을 어렵게 만들고 싶다면 좋은 방법이 하나 있다. 거짓말쟁이의 인지 제어 메커니즘을 손상하면 된다. 이러한 인지 제어의 기능 저하로 인해 거짓말을 하는 것이 정신적으로 더 부담스러워지면 자연스럽게 진실이 드러날 것이다. 속임수의 위험이 큰 중요한 사회적 상황에서 상대방이 조종당하거나 감시당한다고 느끼지 않도록 미묘하게 이 방법을 사용하는 것이 좋다. 최적의 해결책은 속임수를 방지할 뿐만 아니라 경험을 즐겁게 하고, 행복감을 높이며, 사회적 연결성을 증진함으로써 주변 분위기를 좋게 하는 것이다. 이러한 방식으로 상대방의 인지 제어를 손상한다는 것은 이성의 중심지인 전전두피질을 공격하는 것인데, 그 방법이 바로 술 취함이다.

사업가들은 중요한 사업 계약서에 서명한 뒤 마지막에 악수한다. 이는 각자 서로 상대를 해칠 무기를 소지하지 않고 있으니 자신을 믿어도 좋다는 신호다. 상대의 진심을 알고 싶을 때, 상대가 나에게 거짓말을 하지 않고 진정한 정서를 보여 주는지 확인하고 싶을 때 가장 쉬운 방법은 같이 술을 한잔하는 것이다. 술의 공격을 받은 상대의 전전두피질은 제대로 작동하지 못해 상대는 복잡한 논리로 거짓말을 하는 것이 어렵게 된다. 둘이 마주 앉아 술잔을 같이 기울인다는 것은 상대에게 나의 무기를 내려놓겠다는 뜻이다. 여기서 말하는 그 무기는 바로 우리의 '이성'이다. 나는 내 이성이라는 무기를 내려놓기 위해 소주잔을 한잔 두잔 비우는데, 상대는 술을 마시지 않고 물이나 음료수만 홀짝거린다고 생각해 보자. 이는 그 상대가 자기의 이성이라는 무기를 내려놓지 않고 감추고 있다는 증거다. 그러면 나도 더는 술을 마시지 말고 바로 헤어지는 편이 시간과 돈을 아끼는 지름길이다.

진실과 신뢰를 증진하는 술의 기능에 대한 예를 〈왕좌의 게임〉이라는 미국 드라마에서 찾아볼 수 있다. '피의 결혼식' 에피소드에서, 두 경쟁자 일족은 서로의 차이를 극복하고 공동의 적에 대항해 단결하기로 동의하면서 술에 흠뻑 젖는 폭음 연회를 연다. 흥청거리는 가운데, 한 하인이 분명히 구린 데가 있는 것 같은 등장인물인 볼튼 경(Lord Bolton)에게 술을 따르려고 하자 볼튼 경은 술잔 위로 손을 올려 술을 거부한다. 이 에피소드에서 볼튼 경은 전형적인 변절자로서, 술 취한 상대 일족 모두를 냉혹하게 살해하는 일을 지휘하기 위해 술을 마시지 않고 정신을 맑게 유지하는 것이었다. 그렇다. 중요한 거래 상황에서 서로의 신뢰를 확인하기 위해 술자리를 열어 같이 거나하게 취하려고 하는데, 자신의 이성이라는 무기를 내려놓지 않는 상대를 주의하라는 것이 이 에피소드에서 얻을 수 있는 중요한 교훈이다.

이처럼 술은 서로의 신뢰를 확인하고, 변절하지 않는다는 신호를 보내는 악수다. 이런 악수를 마다하는 사람과는 더는 관계를 이어 나가지 않는 것이 좋다. 그렇지 않으면 그 사람은 자신의 무기로 언젠가는 나를 공격하고 배신하고 변절할 것이기 때문이다. 물리적인 무기를 가지고 있지 않다는 것을 보여 주기 위해 악수를 하는 것처럼, 우리는 함께 취함으로써 다른 사람들 앞에서 인지적으로 무장 해제를 할 수 있게 된다.

유대의 척도

술과 유대감의 관계는 술의 사회적 기능을 암시한다. 사회성은 신뢰를 중심으로 한다. 그러므로 거짓말하기를 어렵게 하는 액체로 된 자백 약인 술은 사회적 협력과 화합의 강력한 상징으로 작용한다. 술의 사회적 기능에 대한 예는 수없이 많다. 술은 고기잡이배를 같이 타고 출항한 어부들이나 항구의 선원들, 공사 현장에서 막노동하는 일꾼들이 함께 어울려야 하는 상황에서 중요한 유대 기능을 한다. 많은 문화에서 성대한 술자리는 군사적 목적에도 부합했다. 이런 술자리는 전사와 군주를 결속시키고 더욱이 전사들끼리 결속시키는 역할도 했다. 더 나아가 술을 주고받는 것은 충성심과 헌신의 상징이기도 했다. 이처럼 술을 나누면 소속감과 신뢰의 영역이 넓어진다. 밤새 술을 같이 마시면서 함께 토한 사람들은 유대감이 깊어지는 것을 우리 모두 많이 경험했을 것이다. 따라서 모임에서 술을 공유하지 않는 것, 특히 내민 술잔을 거부하는 것은 심각한 모욕이나 적대 행위로 간주된다.

많은 사회에서 술에 함께 취하는 것은 낯설고 적대적인 사람들뿐만 아니라 알고만 지냈고 친하지는 않은 사람들 사이에서 유대감을 조성하고 개인의 인격이나 품성을 테스트하는 수단이 되기도 한다. 끝까지 함께 술을 마시고도 취하지 않는 능력은, 아니 어쩌면 취했지만 정신을 차리려는 자세는 상대방에 대한 신뢰뿐만 아니라 자신의 품성과 인격을 강하게 상징한다. 중국에서 성인(聖人)으로 칭송받는 공자를 두고 한 말 중에 "술에 관한 한 그는 한계를 두지 않는다"라는 말이 있다. 서양에서는 소크라테스도 장시간에 걸친 술자리에도 불구하고 침착하고 조심스럽게 행동했다는 이유로 칭송을 받았다고 한다. 그의 제자 플라톤은 소크라테스를 두고 "그는 원하는 만큼 마셔도 절대 취하지 않는다"라고 썼다.

함께 술자리를 하면 거짓말 능력이 손상되고, 타인과의 유대감이 증가하며, 기본 품성이 시험된다고 했다. 그래서 공동의 술자리에서 술을 마시지 않는 사람은 당연히 의심스럽게 보이는 것이다. 참으로 어렵다. 의심스러운 사람이 되지 않기 위해 술을 마셔야 하지만, 더 나아가 술도 잘 마셔야 한다. 술을 잘 마신다는 평가를 받기 위해서는 역설의 역설을 극복해야 하는데, 술의 종류를 가려서도 안 되고, 권하는 술잔을 모두 받아 마셔야 하고, 그러면서도 마지막에는 취했다는 표가 나면 안 되는 것이다.

참고문헌

김동환(2024). 『인지인문학을 향하여』. 역락.

Claxton, G.(2016). *Intelligence in the flesh.* New Haven, CT: Yale University Press.

Slingerland, E.(2014). *Trying not to try: Ancient China, modern science and the power of spontaneity.* New York: Crown Publishing.

08

삶의 고달픔 해소제인 술 취함

비교적 부유한 상류층인 예술가들이 새로운 영감이나 삶의 무료함을 벗어나기 위한 수단으로 술에 취한다면, 고된 노동에서 오는 스트레스를 견뎌야 하는 노동자 계층에게 술은 노동에서 오는 고단함을 잠시나마 잊기 위한 도피처가 될 수 있다. 그리고 초기 수렵 채집인이 새로운 사회 구조와 농경으로 인한 스트레스에 대처하기 위해 알코올을 사용했듯이, 현대인들은 장거리 비행으로 인한 스트레스를 관리하기 위해 술에 의존한다.

삶의 고달픔

술은 예술적 영감을 준다고들 한다. 술은 예술적 상상력의 도취제와 촉진제의 역할을 하며, 술잔을 든 자에게 가장 창의적인 순간을 선사한다. 작가, 시인, 예술가, 음악가처럼 소위 예술을 하는 사람들은 창의성 향상을 위해 또는 창의성을 위한 개방된 마음을 얻기 위해 술을 마시며 기꺼이 간을 손상하는 육체적 대가를 치른다. 심지어는 술값이라는 재정적 대가도 치른다.

이처럼 예술을 하는 사람들은 자신의 예술을 위해 술을 마신다고 하지만, 왜 공사 현장 등 힘든 환경에서 일하는 사람들도 술을 마실까? 아마 점심을 먹으면서도 한잔하고, 공사 일이 끝나고 삼삼오오 모여 저녁을 먹으면서 같이 한잔하기도 하고, 집에 가서 편하게 혼자 술을 마시기도 할 것이다. 술을 마시는 시점과 방식, 술의 종류와 상관없이 그들은 술을 마실 것이다. 그렇다면 그들은 왜 술을 마시는 걸까? '일상생활의 가혹함'을 떨쳐 버리고 싶어 술을 마신다는 것이 정답인 듯하다.

예술가는 술을 마셔 예술적 영감을 얻고 정서적 편안함도 찾을 것이다. 하지만 일상생활의 가혹함에서 생활하는 평범한 우리도 술을 마셔 정서적 편안함을 찾을 수 있다. 술이 삶의 고달픔과 가혹함을 치료하는 역할을 한다는 생각은 성경은 물론 고대 그리스 시인과 중국 시인에서도 찾을 수 있다. 먼저, 성경의 잠언 31장 6~7절에는 "죽을 준비가 된 사람에게는 독한 술을 주고, 마음이 무거운 사람에게는 포도주를 주어라. 그에게 술을 마시게 하여 가난을 잊게 하고, 더 이상 고통을 기억하지 못하게 하라"고 씌어 있다. 그리고 그리스의 시인 알카이오스(Alcaeos, B.C. 620?~B.C. 580?)는 "우리의 영혼이 슬픔에 젖게 해서는 안 된다. 모든 방어 수단 중 가장 좋은 것은 술을 많이 섞어서 마시는 것이다"라고 말한다. 마지막으로, 중국의 시인 도연명(陶淵明, 365~427)은 이런 시를 지었다. "온갖 변화가 서로 이어지니, 인생이 어찌 힘들지 않겠는가?……무엇으로 내 마음을 위로할 것인가? 탁주로나마 우선 스스로를 즐겨 보자."

인생의 가혹함을 떨쳐 버리기 위해 술을 마실 것을 권하는 알카이오스와 도연명 같은 사람은 비교적 부유한 지배 계층이다. 이처럼 부유한 지배 계층의 사람들조차 슬픔을 달래거나 현실을 부정하고 싶을 때 술을 마신다면, 논과 밭, 공장이나 도로, 건축 현장에서 일하는 사람들에게 술이 얼마나 필요한지 상상이 되고 이해가 된다. 이런 사람들은 하루하루를 겨우겨우 연명하고, 영양가 있는 음식을 충분히 섭취할 기회가 제한되어 있으며, 육체적 또는 정신적 피로 회복을 위한 충분한 수면 또는 휴식 시간을 얻지 못할 것이다. 이런 사람들에게 술을 마시는 것은 가혹한 현실로부터의 해방이고, 이런 음주 행위는 단순한 즐거움 그 이상일 것이다. 이들에게 술은 중요한 정서적 해방 또는 고난을 견디기 위한 생존 메커니즘을 제공할 것이다.

스트레스 해소

우리 인간은 살면서 스트레스를 받는다. 그리고 스트레스를 풀기 위해 술을 마시기도 한다. 스트레스 해소를 위해 술에 의지하는 동물은 우리 인간만일까? 이에 관해서는 쥐도 우리와 비슷하다고 한다.

쥐의 스트레스와 알코올 섭취 사이의 관계를 조사하는 실험이 있었다. 이전에 알코올을 맛본 적이 없는 건강한 쥐를 세 집단으로 나누어 서로 다른 양의 스트레스를 받게 했다. 통제 집단은 일상 스트레스가 없는 혼잡하지 않은 정상적인 실험실 우리에 넣었다. 급성 스트레스를 받는 집단은 거의 움직일 수조차 없는 매우 붐비는 작은 우리에서 하루 6시간을 보내고 1시간은 평범한 우리에서 보냈다. 만성 스트레스를 받는 집단은 일주일 내내 극심하게 붐비지는 않지만 불편하게 밀집한 우리에 넣었다. 이 세 집단의 우리 안에 음식과 두 가지 액체를 넣어 주었다. 하나는 수돗물이고 다른 하나는 수돗물에 에탄올을 많이 섞은 것이다.

일상 스트레스가 없는 통제 집단과 비교해 급성 스트레스 집단과 만성 스트레스 집단의 쥐는 체중이 빠지는 것이 확인되었다. 이는 이런 쥐들이 스트레스를 받았다는 신호다. 예상대로 통제 집단의 쥐보다 두 스트레스 집단의 쥐들이 알코올을 더 많이 섭취했다. 흥미로운 사실은 급성 스트레스 집단과 만성 스트레스 집단의 행동이 달랐다는 점이다. 급성 스트레스 집단의 알코올 섭취는 상당히 안정적이었고, 한 주가 끝날 무렵에는 통제 집단과 다소 비슷해졌다. 반면에 만성 스트레스를 받은 쥐는 알코올에 열정적으로 의존했다. 즉, 일시적인 급성 스트레스 요인은 알코올의 도움 없이도 쉽게 적응되었다. 하지만 장기적인 만성 스트레스는 알코올을 꾸준히 섭취하도록 자극했으며, 더 나아가 그 효과를 유지하기 위해 시간이 지나면서 그 양이 늘어났다.

수렵 채집인은 20~40명이 모여 넓은 환경에서 사냥감과 식물을 찾아 배회했기 때문에 쥐 실험에서 말하는 통제 집단 수준이었을 것이다. 하지만 수렵 채집인이 정착을 시작하며 비옥한 초승달 지대의 마을에 모여 농사를 짓고서 함께 모여 살았는데, 그 무렵 초기 정착민의 인구는 200~300명이었다고 한다. 좁은 마을에 모여 사는 이 정도의 인구는 쥐 실험에서 장기적인 만성 스트레스 집단에 해당했을 것이다. 그리고 200~300명 사이에서 이미 사유재산이 있고, 부의 불평등, 사회 계급의 징후가 나타났을 것이다. 이것 또한 이들에게 스트레스 요인이었다. 따라서 농사를 짓기 시작한 우리 조상들은 만성 스트레스를 받는 쥐처럼 느꼈을 것이다. 이런 스트레스를 해소하지 못했다면 이들은 이기적인 침팬지의 속성을 타고났기 때문에 서로 갈기갈기 찢을 정도로 치열하게 싸워 결국은 모두 멸망했을 것이다. 하지만 이들은 지금의 찬란한 문명을 창조하고 그 생명을 이어 가고 있다. 그 이유는 이들이 스트레스를 잘 해소했기 때문이다. 만성 스트레스를 받는 쥐처럼, 이들도 술에 의지해 스트레스를 해소했다. 결국 술은 수렵 채집인이 농사를 짓기 시작하면서 인류 문명을 이끌게 했던 촉매제 역할을 했다고 말할 수 있다.

이제 현대로 넘어와 술과 스트레스의 관계를 잠시 들여다보자. 정확히 언제인지는 기억나지 않지만, 예전에 비행기를 탔을 때는 기내식이 매우 풍성했던 것 같다. 하지만 최근에는 기내식이 상당히 인색해졌다. 그런데 이런 인색한 기내식에서도 절대 빠지지 않는 것이 있다. 그것은 맥주나 와인 같은 술이다. 왜 그럴까? 좁은 이코노미석에서 온통 모르는 사람들로 둘러싸인 채 앉아서 몇 시간 동안 비행기를 탄다는 것은 쉬운 일이 아니다. 만약 이기적인 침팬지들을 이코노미석에 태운다면 어떤 사달이 날지 예상이 된다. 서로 으르렁거리며 상대를 못 잡아먹어서 안달이 나고, 심할 때는 서로 심한 몸싸움을 벌여 서로를 갈기갈기 찢을지도 모른다. 그만큼 좁은 이코노미석과 주변의 낯선 이들의 존재가 영장류 동물에게는 힘든 스트레스 상황이다.

우리 인간도 영장류 동물이지만 우리는 이런 상황에서 큰 문제 없이 비행기가 목적지에 도달하면 유유히 걸어 나간다. 인간에게는 인지 제어 능력이 있어서 힘든 상황을 인내할 수 있다. 하지만 인지 제어 능력이 한계에 도달한다면 우리는 어떻게든 그 스트레스를 해소해야 한다. 이때 술이 그 역할을 해 주는 것이다. 항공사가 어떻게 알았는지는 모르지만, 기내식 간소화 정책을 펴면서도 맥주와 와인을 기내식에서 빼지 않은 것은 좁은 비행기에서의 장거리 비행이 승객들에게 스트레스를 준다고 판단했던 것이 분명하다. 우리 승객들은 돈을 주고 사 먹는 것이 아니라 무료로 제공되는 맥주에 손이 간다. 그리고 그 맥주를 가져다주는 승무원들도 아주 친절하다. 승무원들의 환한 웃음과 절도 있고 예의 바른 태도도 좁은 이코노미석에서의 비행이 스트레스를 준다는 것을 역으로 암시해 준다. 이런 친절이 없이는 견디기 힘든 곳이기 때문이다.

스트레스는 나 자신을 중심에 두기 때문에 느끼게 되는 감정이다. 주변 상황이 나를 중심으로 돌아가지 않기 때문에 우리는 스트레스를 받는다. 나를 중심에 두는 것은 우리 인간이 이기적이고 이성적인 동물이기 때문이다. 이런저런 생각을 하면서 합리적으로 계산을 해 보면 지금의 상황이 나에게 불리하므로, 이기심의 피가 흐르는 영장류 동물인 우리는 스트레스를 받게 된다. 스트레스를 받지 않기 위해서는 나를 내려놓아야 하고, 내 마음이 방랑하게 만들어야 하며, 이성을 내려놓고 계산을 하지 않아야 한다. 성인인 우리는 전전두피질이 완전히 성숙해 이성을 무기로 갖고 있다. 이 이성이라는 무기를 내려놓기 위해 적당한 양의 술로 전전두피질의 작동을 일시 정지시켜야 한다. 이성을 내려놓으니 이기심이 사라지면서 낯선 사람들로 빽빽한 좁은 공간에서 버텨 낼 수 있는 것이다. 술로 전전두피질을 공격해 이성이라는 무기를 내려놓고서 수렵 채집을 하다 농사를 짓기 시작한 초창기 농부들은 급격한 생활 양식의 변화에 수반되는 심리적 스트레스를 관리하면서 문명의 창조를 이끌었다. 그리고 생전 모르는 사람들과 좁은 이코노미석을 탄 현대의 우리는 아무런 유혈 사태 없이 안전하게 목적지에 내려 각자의 길을 갈 수 있는 것이다.

참고문헌

Harari, Y. N.(2015). *Sapiens: A brief history of humankind.* New York: Vintage.

Nagaraja, H. S. & Jeganathan, P. S.(2003). Effect of acute and chronic conditions of over-crowding on free choice ethanol intake in rats. *Indian journal of physiology and pharmacology, 47*(3), pp.325-331.

09

사랑과 우울증의 친구인 술 취함

술은 일시적으로 자신감을 높이고 사회적 불안감을 낮추며 상대뿐만 아니라 자신의 매력을 인식하는 방식을 변화시켜 더 빈번하고 대담한 사랑 관계에 참여하도록 촉진한다. 이성적 동물인 인간은 자신의 자아상에 집착한다. 그러다 보니 알베르 카뮈가 말하는 '자아의 저주'에 걸리곤 한다. 이 저주에서 풀려나는 데 그리고 나의 자아에서 벗어나 휴가를 얻는 데 술 취함이 그 역할을 한다.

아름다움은 맥주를 들고 있는 사람의 눈 안에 있다

술을 즐겨 마시는 사람에게 왜 술을 마시냐고 물어보면, 각자 다양한 이유가 있겠지만 "술이 좋아서요"라는 대답을 흔히 듣게 된다. 여기에 왜 술이 좋냐고 다시 물어보면 "취하게 해 주니까요"라고 대답하는 사람이 많다. 그렇다. 취하면 아무 이유 없이 즐겁다. 취함은 '쾌락'과 연관된다. 쾌락에도 정신적 쾌락, 육체적 쾌락, 성적 쾌락 등 여러 종류가 있다. 성적 쾌락은 정신적 쾌락과 육체적 쾌락을 모두 품고 있는 듯하다. 술 취함과 성욕은 어떤 관계가 있을까?

음주에 대한 인류학 이론 중에 술 취함이 성적 본능 또는 성적 충동의 에너지인 리비도(libido)를 감소하게 하며, 술 취함이 성적 쾌락, 즉 성욕을 대신한다는 의견이 있다. 즉, 술을 마시면 성욕이 떨어진다는 것이다. 이 생각은 상식적으로 이해가 가지 않는다. 사실 술과 성욕의 결합은 술 자체만큼 오래된 것이다. 현존하는 가장 오래된 서사시 『길가메시』에서는 성창(聖娼)이 야수 엔키두(Enkidu)를 길들여서 인간으로 만들기 위해 그에게 맥주를 물릴 때까지 마시게 한 뒤 사랑을 나누었다고 한다. 그리고 기원전 3000년 초까지 거슬러 올라가는 메소포타미

아의 원통 모양의 인장에는 종종 성행위가 맥주 마시기를 동반하는 것으로 묘사되어 있다. 고대 그리스 연극 〈바커스 숭배자들(The Bacchae)〉에서는 "포도주가 없으면 사랑도 어떤 다른 즐거움도 우리에게 남지 않을 것이다"라고 말한다. 플라톤의 『향연』에서 소크라테스는 성관계를 위해 포도주를 처방한다.

술과 사랑의 관계, 술과 성욕의 관계는 술이 탈억제 효과를 통해 성적 행동을 촉진하고 성적 경험을 향상한다는 사실에서 설명된다. 술이 정력제라는 생각은 술의 향정신성 효과에 근거한다. 술로 인해 도파민(인간의 신경계에서 신경 전달 물질 중 하나이고 즐거움 신경 물질이라고도 한다)이 증가하면서 남성과 여성 모두 성욕이 증가한다. 물론 술의 신체 기능 저하 효과는 성 기능을 손상하고, 생식기 흥분을 감소할 수 있다. 그래서 술은 성욕을 불러일으키나 그 기능을 빼앗아 가기도 한다. 술의 정력제 역할과 성기능 저하 역할에 대한 기준은 마시는 술의 양에 달려 있다. 술의 이중적 역할은 '적절한 취함'과 '과도한 취함'에 따른 것이다. 같은 양의 술도 사람마다 취함의 정도에서 차이가 나므로 적절한 취함을 일으키는 술의 양과 과도한 취함을 유발하는 술의 양을 잘 측정해 성적 충동이 술에 종속당하지 않도록 하는 것이 중요하다.

술을 마시고 취하면 이성이 더 매력적으로 느껴진다. 그래서 "아름다움은 맥주를 들고 있는 사람의 눈 안에 있다"라는 말이 나온다. 평상시에 술을 마시지 않아서 맑은 정신일 때는 특정 이성이 매력적으로 느껴지지 않지만, 술을 마시면 그런 사람이 매력적으로 보이게 된다. 그래서 우리는 술을 마시면 이성에게 끌리게 된다. 하지만 이런 끌림은 술을 마시고 취해서 상대 이성이 더 매력적으로 보이게 된다는 사실에서만 비롯되는 것은 아니다. 이 외에도 술을 마신 사람은 자신감에 차고, 스스로 매력적이라고 생각하며, 실제로 다른 사람의 눈에 육체적으로 더 매력적으로 보인다는 사실에 의해 이런 끌림이 가중된다. 그렇다. 술을 마신 남성이 적극적으로 이성에게 말을 걸고 과감하게 접근하는 것은 자신이 매력적이라고 생각하기 때문이다. 술에 취한 사람이 실제로 다른 사람의 눈에 매력적으로 보인다는 사실도 흥미롭다. 적당히 취한 사람의 사진은 맑은 정신일 때의 바로 그 사람의 사진보다 더 매력적인 것으로 평가된다. 이는 같은 사람이 술을 한 잔도 마시지 않았을 때 찍은 사진과 각각 1, 2, 3잔을 마신 뒤에 찍은 사진을 비교해 보면 쉽게 알 수 있다.

술에 취한 남성이 여성에게 더 큰 매력을 느끼고, 본인 자신도 매력적이라고 느낀다는 점은 성희롱 같은 성범죄의 원인이 될 수 있다. 술이 이성의 중심지인 전전두피질을 훼손한다고 했다. 이로 인해 술을 마신 남성은 인지 장애를 겪는다. 인지 장애는 사고, 학습, 기억 등 정신적 과정을 포함하는 인지 기능의 저하를 말한다. 인지 장애는 정상적인 노화, 의학적 질환(뇌졸중, 알츠하이머병, 머리 부상 등) 때문에 일어나지만, 술과 같은 취성 물질을 남용할 때도 발생한다. 술 취함으로 인한 인지 장애는 인지적 근시(cognitive myopia)로 이어진다. 근시는 눈의 기능이 떨어져 가까운 물체는 뚜렷하게 잘 보이지만 멀리 있는 물체는 또렷하게 보이지 않는 현상이다. 이런 근시가 인간의 사고에 적용된 것이 인지적 근시다. 즉, 인지적 근시는 사람들이 광범위하고 다양한 생각을 고려하기보다는 좁은 범위의 정보나 관점에 집중하는 경향을 말한다. 이런 인지적 근시는 어떤 문제에 대해 불완전하거나 편향된 이해로 이어질 수 있다.

술로 인한 인지적 근시는 동시에 주변 사람이나 물체, 환경으로부터 자신의 존재를 구별하고 이해할 수 있는 능력인 자기 인식(self-awareness)을 감소시킨다. 이처럼 자기 인식 능력이 떨어지면서 자신에 대한 평가를 부풀리게 된다. 술로 인해 성욕이 강해지고, 자기 평가를 부풀리는 인지적 근시로 인해 성희롱과 성 학대 등이 발생할 가능성이 그만큼 커지는 것이다. 물론 막 사귀기 시작해 서로 긴장하고 어색한 커플이 처음의 어색함이나 불안을 극복하는 데 식사와 곁들인 와인 한두 잔보다 더 나은 문화적 해법을 상상하기란 어려울 것이다. 이처럼 적당한 취함은 새로 시작하는 커플에게는 긍정적인 면도 있다.

성과 관련해 술이 두 가지 역할을 동시에 하며, 그런 이중적 역할이 적당한 취함과 과도한 취함에 따른다고 했다. 술에 종속당하지 않는 올바른 성 문화를 위해 우리 각자 '계산적 술 마시기'를 실천하기를 권장한다. 이는 '술이 술을 마셔' '술'과 '술'이 더해져 배가 되어 그 양이 과도해지는 현상과 대조된다. 술이 술을 마실 때는 주체로서의 자신이 사라진다. 술은 사람인 '내'가 주체가 되어 마시는 것인데, 술이 술을 마실 때는 그 주체가 술이 되어 버린다. 그럴 때 나는 술에 완전히 종속되어 나 자신을 잃어버린다. 이에 반해 '계산적 술 마시기'에서 술 마시는 주체는 '나'고 계산하는 주체도 '나'다. 술이 나를 잠식하지 않도록 내가 술을 계산하면서 마신다는 것이다.

계산적 술 마시기에는 두 가지 방식이 있다. 첫째는 마신 술잔과 술병을 세는 것이다. 그러나 여기서 문제는 인간이 고정된 존재가 아니라는 것이다. 우리 인간은 물리적 환경과 문화적 환경에 놓여 있고, 그런 환경에 따라 나의 체력과 정신적 능력이 가변적이기 마련이다. 따라서 같은 양의 술이라도 상황이나 기분에 따라 취함을 가속하는 속도가 다른 법이다. 그래서 둘째 계산 방법이 필요하다. 술은 인간의 육체부터 서서히 둔감하게 만들고 그다음 정신에 영향을 주는 인지적 근시로 이어진다. 술이 인지적 근시로 이어지기 전에 육체를 둔감하게 하는 시점을 파악해야 한다. 그렇게 하려면 술을 마시는 중간중간 자기 손이나 몸을 움직여 보면서 자신의 취함 정도를 계산해야 한다. 이런 두 가지 방법을 활용한 계산적 술 마시기를 실천한다면 자신에게 맞는 적당한 취함에 이를 수 있고, 술이 주는 쾌락을 자신 있게 즐기고, 술이 쾌락을 주기 때문에 술을 좋아한다고 공개적으로 말할 수 있을 것이다.

자아로부터 휴가를

나는 너무 진지한 사람은 별로 좋아하지 않는다. 물론 사람이 진지해야 할 때도 있다. 하지만 그런 진지함은 혼자 있을 때다. 혼자 있으면서 내일 할 일이나 앞으로 해야 할 일을 고민하면서 진중하고 진지하게 생각해야 하는 것은 당연하다. 그런데 다른 사람들과 함께 있을 때 너무 진지하면 그 모임의 분위기가 딱딱해져서 편안함이 사라지는 경우도 생긴다. 물론 혼자 있을 때도 무조건 계속 진지해야 하는 것은 아니다. 그리고 다른 사람들과 있을 때도 무조건 진지함이 없어야 하는 것은 아니다. 문제는 중용(重用)이다. 때와 장소에 맞추어 어느 한쪽으로 지나치게 치우치지 않도록 적절하게 진지함을 덜어 내는 것이 관건이다. 나 역시 진지함을 적절히 잘 버리고 있는지도 자신이 없다.

이처럼 때때로 우리 인간이 적절히 버려야 하는 특징이 있다. 그중 하나가 바로 의식(consciousness)이다. 우리 인간은 '의식적' 유인원이다. 나는 이 '의식'을 '진지함(seriousness)'과 같은 맥락에서 이해한다. 주변에서 일어나는 다양한 해프닝과 사건에 너무 관심이 많고, 다른 사람이 나를 어떻게 생각하느냐에 대해서도 너무 의식하고 주변 사람의 말과 행동 하나하나에 관심을 집중한다. 그리고 나에 대해서도 너무 깊이 생각하는 경향이 있다. 이처럼 인간은 어쩌면 나와 크게 관련이 없는 사건에도 관심이 많고, 나와 관련이 있는 타인과 그들의 언행에도 관심이 많으며, 심지어 나 자신에게도 관심이 너무 많다. 그래서 우리 인간은 이 세 가지에 너무 진지하고 심각하다. 그렇다 보니 우리는 너무 피곤해진다.

인간은 의식적 존재라고 했다. 이는 인간이 자기를 의식하는 '자아의 저주(curse of the self)'를 받는다는 것을 뜻한다. 자아의 저주란 자의식과 자기 인식의 부정적인 결과를 말한다. 자아의 저주는 우리 자신을 성찰하고 생각하는 능력이 우리의 웰빙과 행복에 부정적인 영향을 미칠 수 있음을 암시한다. 자아의 저주에서 한 측면은 자의식이 자기 회의, 불안, 부정적인 자기 평가로 이어진다는 것이다. 우리가 우리 자신과 우리 자신의 결점이나 단점에 너무 집중할 때, 그것은 부정적인 감정과 낮은 자존감으로 이어진다. 자아의 저주에서 또 다른 측면은 사회적 비교와 부러움으로 이어진다는 것이다. 우리가 다른 사람과 우리 자신을 비교할 때, 상대에게 질투를 느낄 수 있고, 이는 부정적인 감정과 사회적 고립으로 이어질 수 있다. 자기를 의식하고 자기를 인식하는 자아는 우리에게 저주를 내린다.

우리 인간종은 다른 종은 걸리지 않는 병으로 고통받는다. 그것은 의식적인 자기 인식(conscious self-awareness)이라는 병이다. 이 병을 앓고 있던 알베르 카뮈(Albert Camus, 1913~1960)는 "만약 내가 뭇 짐승 중 한 마리 고양이라면, 이 삶에 의미가 있을지도 모른다. 아니, 차라리 이런 문제 자체가 제기되지 않았을 것이다"라고 말했다. 카뮈는 인간이라면 당연히 걸리는 이 의식적인 자기 인식의 병에 걸리고 싶어 하지 않아서 차라리 동물이었으면 하고 바랐던 것이다.

이 병을 고치기 위한 카뮈의 해법은 사실 실현 가능하지 않다. 우리는 이미 인간으로 태어나 인간의 정체성을 갖고 있으므로 이런 정체성을 버리고 고양이가 될 수는 없다. 다른 방법을 찾아야 할 것 같다. 우리 인간은 이성의 신인 아폴로의 영향을 받아 효율성, 건강, 도덕성의 이름으로 자의식에 빠져 있다. 이런 자의식의 늪에서 평생 있으면 안 되며 무조건 빠져나와야 한다. 그리고 자아로부터 탈출하려는 충동은 거의 모든 이에게 있다. 우리는 영구적이 아니라 일시적으로 자아를 붕괴시킬 필요가 있다.

우리는 직장 생활에서 피곤해지면 휴가를 떠난다. 직장에서 벗어나 다른 곳에서 직장의 일을 망각하는 시간을 갖는다. 직장은 주어진 일을 능률적이고 효율적으로 처리해야 하는 공간이다. 실수가 용납되지 않는 딱딱한 곳이다. 늦게 출근하고 일찍 퇴근해서도 안 되는 규율의 공간이다. 이런 공간에서 매일매일 생활한다는 것은 만만한 일이 아니다. 그래서 주기적으로 휴가가 필요하다. 이런 직장에서 벗어나는 휴가가 필요하듯이, 우리는 진지하고 심각하고 의식적인 우리 자아로부터도 벗어나 휴가를 떠날 필요가 있다. 이것이 자아 휴가(vacation from the self)다.

자아에서 벗어나려는 카뮈의 해법은 불가능하지만, 자

아 휴가의 해법은 가능해 보인다. 그러면 어떻게 자아로부터 휴가를 떠날 수 있을까? 영국의 시인 조지 고든 바이런(George Gordon Byron, 1788~1824)은 한 가지 방법을 제시한다. 그는 "인간은 이성적이기 때문에 술에 취해야 한다"라고 그 해법을 명쾌하게 제시한다.

자아, 자의식, 자기 인식의 중심에는 이성이 있다. 이 이성의 중심지인 전전두피질을 술로 공격하라는 것이 바이런의 해법이다. 자아로부터 휴가를 떠나기 위해서는 넉넉한 휴가비가 필요하다. 술이라는 휴가비를 지참하고 자아로부터 멀리 벗어나 잠시 휴가를 떠나자. 그런 휴가가 자아의 저주에서 벗어날 수 있는 길이다. 우리는 그 휴가지에서 무의식을 '꽃처럼 열리게' 할 필요가 있다. 적어도 가끔은 말이다.

참고문헌

Camus, A.(1955). *The myth of Sisyphus and other essays.* Justin O'Brien(Trans.). New York: Vintage.

Slingerland, E.(2021). *Drunk: How we sipped, danced, and stumbled our way to civilization.* Berkeley: Little, Brown Spark.

10

술 취함의 쾌락에 침묵해야 하는가

흔히 술에 취하는 상태는 부정적으로 묘사되곤 한다. 사람들이 창의성 강화, 스트레스 해소, 사회적 접촉 촉진, 신뢰와 유대 강화, 집단 정체성 형성 같은 술의 기능적 이점에 대해서 침묵하지 않는 것과는 대조적이다. 이제 술 취함의 가치를 재조명할 필요가 있다. 술 취함이 주는 진정한 쾌락을 정확하게 직시할 수 있다면 우리는 술에 씌운 부정적인 프레임을 거둬 내고 비로소 디오니소스와 진정한 통섭을 달성할 수 있을 것이다.

술 취함의 쾌락에 대한 솔직함

루트비히 비트겐슈타인(Ludwig Wittgenstein, 1889~1951)은 『논리 철학 논고』(1921)의 머리말에서 이 책의 전체적인 뜻을 이렇게 요약한다. "도대체 말해질 수 있는 것은 명료하게 말해질 수 있다. 그리고 이야기할 수 없는 것에 관해서는 우리는 침묵해야 한다." 그리고 맨 마지막 줄에서 "말할 수 없는 것에 관해서는 침묵해야 한다"(Wittgenstein, 1921)라는 말을 하면서 이 책을 끝낸다. 비트겐슈타인은 기존의 모든 철학적 문제가 언어가 왜곡되어 만들어진 가짜 문제라는 견해를 갖고 있다. 즉, 형이상학, 윤리학, 종교에서 말하는 신, 도덕, 자유 등의 개념은 말장난일 뿐이라는 것이다. 말할 수 없는 것은 말할 수 없는 것이기 때문에 세계 밖에 있다. 따라서 말할 수 없는 것에 대해서는 침묵해야 한다. 세계 안에 있는 것은 수학, 논리학, 과학이고, 세계 밖에 있는 것은 형이상학, 윤리학, 종교, 철학, 예술이다. 19세기 말, 20세기 초 논리실증주의자들은 과학만이 진정한 학문이라고 생각했고, 이들은 "말할 수 없는 것에는 침묵하라"라는 비트겐슈타인의 주장에 열광했다.

술을 마시고 취한 후에 느끼는 '쾌락'도 비트겐슈타인의 눈에는 말할 수 없고 침묵해야 하는 개념이다. 논리실증

주의자가 아닌 우리 평범한 사람들도 '술 취함의 쾌락'에 대해서는 비트겐슈타인의 주장에 열광하는 듯하다. 술 취함에 따른 쾌락 자체를 공개적으로 옹호하는 사람은 거의 없다. 술을 마시는 사람들 대부분은 쾌락 자체에 대한 욕구에 관해 이야기하는 것을 여전히 불편해한다.

이기적인 영장류 동물인 인간은 문화라는 동굴에서 생존해 문명을 이끌기 위해 창의적이고 문화적이고 공동체적인 동물이어야 한다. 이런 세 가지 성질의 동물이 되는 데 필요한 것이 술 취함이다. 술 취함에는 다양한 기능적 이점이 있다. 창의성 강화, 스트레스 해소, 사회적 접촉 촉진, 신뢰와 유대 강화, 집단 정체성 형성, 사회적 역할과 계층 강화 등을 통해 술은 사냥과 채집하는 인간이 농업 촌락, 마을, 도시의 군체 생활 속으로 들어가는 데 결정적인 역할을 했다. 이 과정으로 인간 협력의 범위는 점차 넓혀졌고, 결국 지금과 같은 현대 문명이 만들어졌다. 우리는 술의 이런 기능적 이점에 대해서는 침묵하지 않는다. 마음껏 떠들고 자랑한다. 하지만 우리는 술이 삶에 가장 크게 이바지한 것을 놓치고 있고, 그것에 대해 말하는 것을 부끄러워하고 부담스러워하면서 침묵한다. 그것은 바로 술 취함이 주는 순전한 '쾌락적 즐거움'이다. 이유가 뭔지는 모르겠지만, 사람들은 술을 마시면 즐겁고 기분이 좋으므로 술을 마신다는 것을 거의 인정하지 않는 듯하다.

사실 그렇게 하는 데는 이유가 있다. 우리는 주변에서 술로 인한 다양한 사건 사고를 목격해 왔다. 알코올 중독, 음주 운전, 술자리에서의 성희롱 등 술과 관련된 병폐로 인해 술 자체에는 긍정이 아닌 부정의 뉘앙스가 뿌리를 내렸다. 술과 연상되는 이런 병폐가 너무 크다 보니 감히 나는 술이 좋아서 마신다는 말을 못 하는 것이다. 앞서 보았던 술의 다양한 기능적 이점이 있음에도 말이다.

그런데 재미있는 현상이 있다. 자동차 운전은 상당히 편리하다는 장점이 있지만, 자동차와 관련된 크고 작은 사고도 엄청나게 자주 일어난다. 내가 아무리 조심해서 방어 운전을 해도 상대방의 실수로 사고가 나기도 한다. 그래서 운전에 '완전한 안전'이란 존재하지 않는 듯하다. 그렇다고 정부에서 사람들에게 운전은 위험하니 운전하지 말라고 권하지 않으며 그런 정책을 마련하지도 않는다.

좀 더 추상적으로 가 보자. 우리가 살아가는 삶에도 사실 안전한 수준은 없다. 나도 모르는 사이에 크고 작은 위험한 일과 사건이 일어난다. 삶에는 만성적인 위험이 도사리고 있다. 그렇다고 해서 삶에 참여하지 말라고 권하는 사람은 없다. 살지 말고 차라리 죽는 것이 좋다고 말하는 사람은 없다.

삶과 운전, 그리고 술 취함에는 치러야 할 명백한 비용이 있다. 하지만 이 세 가지에는 이점도 있다. 똑같이 비용과 이점을 동시에 갖고 있는데, 왜 우리는 삶과 운전에 대해서는 침묵하지 않지만, 술 취함의 쾌락에 대해서는 침묵할까? 에드워드 슬링거랜드(Edward Slingerland)는 술 취함의 쾌락에 침묵하는 인간의 성향을 서양 철학에서 계속 내려와 지금의 우리에게 뿌리를 내린 심신 이원론(마음-몸 이원론) 때문이라고 본다. 심신 이원론은 마음과 몸을 구별되어 분리된 것으로 간주한다. 이성과 정신으로 대표되는 마음은 몸 안에서 실재하고, 감각 기관의 작용과 감정으로 대표되는 몸은 마음처럼 생각하거나 사유할 수 없다. 마음은 몸에서 자유로운 것으로 몸을 통제하는 도덕적 지성의 중심지다. 그리고 마음은 몸을 매개하지 않고도 세계와 소통 가능하므로 몸보다 가치 측면에서 우월하다. 따라서 이원론에서 감정과 욕망에 종속된 행위인 음주 행위는 합리적이거나 도덕적인 행위가 아닌 것으로 간주된다.

우리 인간은 태생적으로 술에 취하기를 원한다. 술 취함에 따른 쾌락을 좋아한다. 홍길동은 아버지를 아버지라고 부르지 못했다. 그는 아버지에 대해 침묵했다. 술 취함의 쾌락에 대해 우리는 홍길동처럼 살지 말자. 나는 홍길동도 아니고 지금이 조선 시대도 아니다. 좋아하는 것을 좋아한다고 말할 수 있어야 한다. 술 취함의 쾌락에 대해 침묵하지 말고 입을 열자. 그러면서 우리의 몸과 뇌를 때리는 술(에탄올)의 물리적 쇄도라는 취함을 어떻게든 방어하면서도, 취함의 과잉에 혼란스럽고 위험한 측면이 있음을 인정하면 된다. 술이 인간 이성의 자리인 전전두피질의 작동을 멈추게 할 때 발생하는 심각한 문제에 대해서도 잊지 말아야 한다. 술의 신 디오니소스는 피리 소리에 맞춰 춤을 추면서 우리를 문명으로 이끌었을지도 모른다. 하지만 조심하지 않으면 디오니소스는 우리를 동물로 바꾸어 버릴 수도 있다. 그런 동물은 창의적이지 않고 문화적이지 않고 공동체적이지 않은 동물이다. 이러한 우려를 염두에 두고서 술 취함의 쾌락에 침묵하지 않았으면 한다.

인간과 디오니소스의 융합

'술' 하면 무엇이 떠오르는가? 긍정적 느낌이 들까, 아니면 부정적 느낌이 들까? 대부분 부정적 느낌이 들 것이다. 음주는 득보다 실이 많다는 것이다. 비싼 술값, 건강상의 악영향, 사회 무질서. 이 세 가지는 금주가의 사고를 지배하고 있다. 국가 차원에서도 금주법을 적지 않게 제정해 시행했다. 한국을 비롯한 아시아 문화권, 가톨릭과 정교회, 개신교, 이슬람 문화, 미국과 캐나다, 인도, 러시아 등의 금주법에 관한 구체적인 사례는 문헌을 통해 쉽게 접할 수 있다. 그렇다면 술을 옹호할 것 같은 애주가의 마음을 사로잡는 술의 긍정적 이미지는 뭐가 있을까? 애주가에게 왜 술을 마시냐고 물어보면 자신에 찬 명확한 대답을 하기보다는 그냥 말을 얼버무릴 듯하다.

여하튼 술이 나쁘고 백해무익하다는 통념에도 불구하고 술은 사라지지 않고 우리 인간과 늘 함께 있었다. 이런 술을 인간은 마시고 취한다. 그렇다면 왜 우리 인간은 술을 마시고 취하고, 그런 취함을 좋아할까? 이 질문은 술에는 우리가 알고 있는 것보다 더 특별한 무언가가 있고, 술 취함이 우리가 인식하지 못한 어떤 기능을 한다는 것을 강하게 시사한다. 그렇다면 취함의 기능은 무엇인가? 술 취함이 해결책을 제시할 수 있는, 인간이 겪고 있는 문제가 무엇인지를 파악하지 않고서는 취함의 기능을 묻는 말에 답하기가 어려울 것이다. 그리고 이에 대한 답을 얻기 위해서는 술 취함과 관련해 인간이란 무엇인가라는 질문에 답할 필요가 있다. 취함과 관련해 인간이란 무엇이고, 인간은 어떤 어려움을 겪는 존재인가? 정답부터 이야기하자면, 인간은 적어도 겉으로는 이기심 없는 사회적 곤충처럼 행동하는 듯한 이기적인 유인원이다. 인간은 자신이 겪는 문제를 해결하기 위해 고의적이고 체계적으로 술에 취하는 유일한 동물이다.

여러 신을 모시는 신전인 그리스 판테온에는 아폴로(Apollo)와 디오니소스(Dionysus)라는 두 신이 있다. 이 두 신은 자기 통제와 자유분방 사이의 긴장을 의인화한다. 태양신 아폴로는 합리성, 질서, 자기 통제를 상징한다. 예술에서 아폴로 방식은 자제와 우아함, 세심하게 설계된 균형을 특징으로 한다. 아폴로는 지정된 사원에서 근엄하고 형식적인 공물로 숭배를 받는다. 디오니소스는 술, 취함, 다산, 감정, 혼돈의 신이다. 디오니소스적 예술은 과도함, 황홀한 고양, 변한 상태를 탐닉한다. 디오니소스의 숭배자 중에는 유명한 마이나데스(Maenades)라는 여신들도 있다. 이들은 오늘날로 치면 거나하게 취하고 떠들썩한 파티 같은 바카날리아(bacchanalia: 바쿠스 축제라는 뜻으로 디오니소스를 모시는 축제)에 은밀히 모이는 광란하는 여신들이다.

이 두 신 중에서 우리 인간 사회에 술의 신 디오니소스가 들어오도록 문을 열어 두자는 것이 내 생각이다. 이때 우리는 그 신이 누구인지 알아야 하고 그의 정체성을 제대로 파악해야 한다. 이는 마치 우리 집에 아무나 들어오도록 항상 문을 열어 둘 수 없는 것과 같다. 우리가 알지 못하는 사람이 우리 집에 들어온다면 나쁜 일이 벌어지지 않는다고 장담할 수 있겠는가? 술 금지를 위해 국가 차원에서 어떤 정책을 펴고, 의사 협회에서 어떤 처방을 내리든간에, 술은 사라지지 않을 것이다. 술은 항상 우리 곁에 있을 것이다. 우리는 항상 술을 우리 집 안으로 받아들일 것이다. 받아들이기 전에 그 술을 정확히 알아야 하고, 왜 우리가 술을 마시고 취하는 것을 좋아하는지를 그 근본부터 알아야 한다. 낭패를 보지 않기 위해서 말이다.

우리와 디오니소스는 우리 집에서 그리고 우리 인간 사회에서 재회한다. 인간과 디오니소스는 협업하고 융합하고 통섭할 것이다. 이 둘의 통섭과 융합이 어떤 모습인지를 보여 주려는 것이 이 책의 목표다. 어떤 두 사람이 서로 협업한다고 할 때 아주 중요한 조건이 하나 있다. 두 사람 모두 각자 고유한 무언가를 가지고 있어야 한다는 것이다. 자기만의 고유한 특징이나 장점이 있어야 한다. 한 사람만 장점이 있고 나머지 한 사람은 특별히 내세울 것이 없다면, 그것은 통섭이라기보다는 자원봉사이자 재능 기부에 그칠 것이다. 이는 크게 효과적이지 않은 통섭이다. 이는 정확히 말해 통섭이 아니다. 그래서 우리는 우리 인간과 디오니소스의 통섭을 이룩하기 위해 디오니소스에 대해서도 알아야 하지만 우리 인간에 대해서도 알아야 한다.

인간은 디오니소스를 자기 집으로 초대한다. 그냥 둘이 같이 오순도순 말벗이 되고자 초대하는 것이 아니다. 인간은 디오니소스에게 도움을 청하기 위해 그를 초대했고, 그런 인간의 초대에 디오니소스가 응한다. 인간은 어떤 일 때문에, 어떤 자기만의 문제 때문에 디오니소스에게 도움을 청했을까?

디오니소스의 정체를 알아차리자

이 책의 제목을 보는 사람은 해악처럼 느껴지는 술 취함을 적극적으로 장려하는 것으로 해석하면서 이 책에 비판적인 글을 달지도 모른다. 이 책은 우리에게 무조건 술의 신 디오니소스처럼 행동하도록 권하는 듯 보인다. 술이 이렇게 유익한 것이니 음주 행위에 죄책감을 느끼지 말고 마음껏 술을 마시라고 말이다. 당연히 음주 행위에 따른 도덕적 문제도 있으므로 적절한 음주 방식을 받아들여야 한다. 특히 현대의 증류 기술과 사회적 고립인 혼술 문제가 있다. 독한 증류주에 탐닉하는 것과 혼술은 확실히 음주 행위의 문제점으로 보인다.

술은 인간의 창의성을 증대하는 역할을 한다고 했다.

인간의 창의성을 증대한다고 할 때 인간 이성의 중심지인 전전두피질을 잠시 작동 중지하여 냉철한 이성과 차가운 인지를 내려놓게 해야 한다. 잠시만 그렇게 하려면 독한 증류주가 아닌 약한 발효주가 적합할 것이다. 물론 독한 증류가 그런 역할을 하려면 많은 양이 아닌 적은 양만 투입해야 한다. 창의성을 위해서는 이성의 힘이 약해져야 하고 정서의 기능은 강해져야 한다. 많은 양의 독주는 정서의 기능마저 마비시켜 버리기 때문에 창의성에 아무런 도움이 안 되고, 몸만 상하게 할 뿐이다.

술은 집단 공동의 문제를 해결하기 위한 수단이기도 하다. 술 자체는 위험하다. 그래서 혼자가 아닌 여러 사람이 함께 마시면서 상대방이 마시는 양을 서로 지켜봐 주어야 한다. 혼술의 경우에는 그렇게 하기가 어려우므로 그 위험성이 존재한다. 물론 혼술의 경우라고 하더라도 앞에서 언급한 계산된 술 마시기를 잘 실천할 수만 있다면 자신을 통제할 수도 있을 것이다. 그런 경우에도 이성의 끈을 놓아서는 안 되므로 독주가 아닌 약한 술을 마셔야 한다.

이 책은 술의 신 디오니소스를 무조건 받아들이라고 권하는 것이 아니다. 이 책은 디오니소스를 길들여 우리 삶에 받아들이라고 제안한다. 술은 금지된 물질이 아니라, 개인적 · 사회적 문제를 해결하는 수단이고 미적 쾌락의 원천이기도 하다.

기원전 7세기로 추정되는 고대 그리스의 시인 호메로스의 작품으로 전하는 33편의 찬가집인 『호메로스의 찬가』 제7장 '디오니소스에게 바치는 찬가'에 나오는 디오니소스에 대한 신화를 자세히 이야기하면서 이 책을 끝내고자 한다. 그 내용은 이렇다. "젊고 옷을 잘 차려입은 남자의 모습으로 나타난 디오니소스 신은 해적에게 붙잡힌다. 해적들은 그가 상당한 몸값을 요구할 수 있는 부유한 통치자의 아들이라고 추측한다. 이 배의 키잡이만이 이 계획을 걱정한다. 왜냐하면 그는 디오니소스가 신이라는 것을 알아차렸고, 그에게서 적당한 위엄을 느꼈기 때문이다. 해적들이 바다로 나아가자, 온갖 마법 지옥이 속박에서 풀린다. 바다는 포도주로 변하고, 돛대는 포도가 가득 달린 거대한 덩굴로 변하며, 마지막으로 디오니소스는 겁에 질린 해적들이 도망가 물속으로 뛰어들자 사자로 변하고, 해적들은 물속에서 돌고래로 변한다. 디오니소스는 자기 정체를 알아낸 키잡이만 살려 둔다. 그 키잡이는 신에게서 사적인 축복을 받고 장수와 번영을 누린다."

이 이야기에 따르면, 디오니소스는 자신을 알아보는 사람에게만 그 사람의 인간성을 유지하게 하고 그렇지 않은 사람은 모두 죽음에 이르게 한다. 결국 우리는 술 취함의 혜택과 위험 모두를 인식해야만 인간으로 살아남을 수 있는 것이다. 그러면서 현대 사회에서 '술 취함의 미학'을 실현할 수 있을 것이다.

참고문헌

김동환(2024). 『인지인문학을 향하여』. 역락.

Slingerland, E.(2021). *Drunk: How we sipped, danced, and stumbled our way to civilization*. Berkeley: Little, Brown Spark.

Wittgenstein, L.(1921). *Tractatus logico-philosophicus*. D. F. Pears & B. F. McGuiness(Trans.). Introduction by Bertrand Russell. 2d ed. London: Kegan Paul, Trench, Trubner & Co..

김동환

해군사관학교 영어과 정교수다. 경북대학교에서 박사학위를 받았다. 인문학과 인지과학을 아우르는 융합 학문의 시각으로 오늘날의 복잡다단한 사회 현상을 이해하고 분석하기 위해 연구 중이다. 주요 저서로 『개념적 혼성 이론』(2002)(학술원 우수학술도서), 『인지언어학과 의미』(2005)(문화관광부 우수도서), 『인지언어학과 개념적 혼성 이론』(2013), 『환유와 인지』(2019)(세종도서 학술부문 선정), 『생태인문학을 향한 발걸음』(2024)(세종도서 학술부문 선정), 『인지인문학을 향하여』(2024), 『인공지능, 트랜스휴먼, 사이보그』(2024)가 있다. 주요 번역서로 『인지언어학 개론』(1998)(문화관광부 우수도서), 『우리는 어떻게 생각하는가』(2009)(학술원 우수학술도서), 『몸의 의미』(2012), 『과학과 인문학』(2015), 『비판적 담화분석과 인지과학』(2017), 『애쓰지 않기 위해 노력하기』(2018)(세종도서 교양부문 선정), 『생각의 기원』(2019), 『창의성과 인공지능』(2020), 『애니메이션, 신체화, 디지털 미디어의 융합』(2020)(세종도서 학술부문 선정), 『은유 백과사전』(2020)(세종도서 학술부문 선정), 『고대 중국의 마음과 몸』(2020), 『뉴 로맨틱 사이보그』(2022), 『취함의 미학』(2022), 『아티스트 인 머신』(2022), 『휴먼 알고리즘』(2022), 『트랜스휴머니즘의 역사와 철학』(2023), 『생각을 기계가 하면, 인간은 무엇을 하나?』(2023), 『그린 리바이어던』(2023), 『몸의 지혜』(2024) 등이 있다.